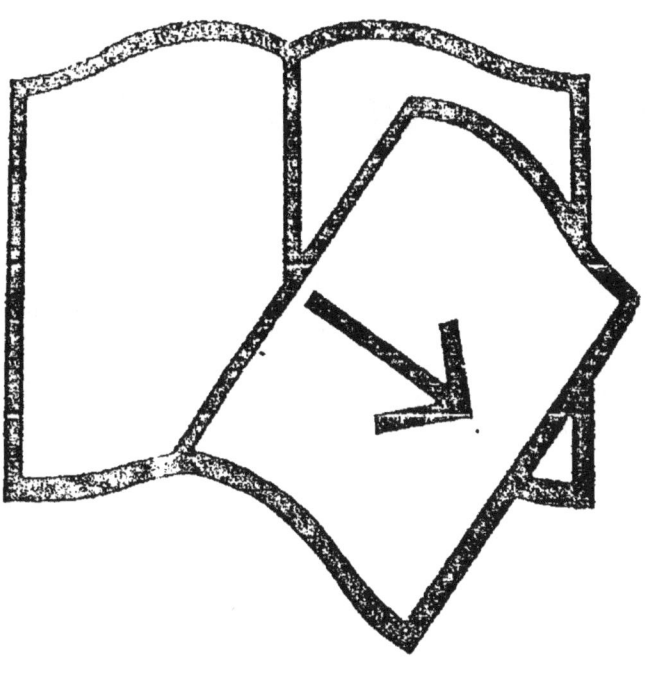

Couvertures supérieure et inférieure manquantes

COMMENTAIRE
SUR
LA CHANSON DE ROLAND

(TEXTE CRITIQUE DE M. GÉNIN)

PAR

M. PAULIN PARIS;

AVEC UN *Post-Scriptum*.

I.

Paris. — Typographie de Firmin Didot Frères, rue Jacob, 56.

LA CHANSON DE ROLAND.

(ÉDITION DE M. F. GÉNIN.)

(Premier article.)

Après un oubli de quatre siècles, la Chanson de Roncevaux retrouve aujourd'hui son ancienne célébrité. Elle a reçu trois éditions depuis un peu moins de quatorze ans, trois traductions depuis moins de douze. Mais, contre l'ordre naturel et accoutumé, la première édition est assurément la meilleure; la dernière, la moins estimable et la plus mauvaise.

Voulez-vous juger du sentiment d'urbanité qui préside assez naturellement aux travaux d'érudition? M. l'abbé de La Rue avait le premier découvert la vieille chanson de geste dans la bibliothèque d'Oxford; il fut aussitôt pris à partie par son jeune élève M. Francisque Michel; celui-ci, premier éditeur, fut rudement gourmandé par M. Bourdillon, second éditeur; et MM. Michel et Bourdillon, en récompense du zèle qu'ils avaient montré pour nous faire connaître le même poëme, n'ont obtenu du troisième éditeur, M. Génin, qu'une suite non interrompue d'injustes dédains ou d'insolents quolibets.

Dans cette troisième édition on chercherait inutilement l'histoire des études faites jusqu'à présent sur la Chanson de Roncevaux : l'usage de M. Génin n'est pas de descendre aux considérations de ce genre. Nous allons donc essayer de faire ce qu'il a négligé. Quand personne encore ne soupçonnait la forme ancienne et la conservation de ce précieux monument littéraire, un gentilhomme génevois, M. Bourdillon, en reconnaissait le caractère et en devinait l'importance. Dès 1822, il acheta le beau manuscrit du treizième siècle qui, de la bibliothèque particulière du roi Louis XVI, était passé, on ne sait plus comment, dans le cabinet du comte Garnier, préfet de Versailles sous Napoléon. Il en lut avec grand soin tous les vers; il les copia, puis il les compara avec deux autres manuscrits conservés dans les bibliothèques publiques de Lyon et d'Oxford ; et persuadé que de trois copies plus ou moins corrompues pouvait ressortir un texte pur, il se mit à l'œuvre, résolu de ne reculer devant aucun sacrifice de temps et d'argent pour rendre à la France, dans le plus ancien de ses monuments littéraires, le plus beau poëme qui fût jamais, à son avis, sorti de la main des hommes. Voilà donc comment, habituant son esprit et son oreille à cette versification étrange, imposante et sonore ; vivant plus chaque jour dans le onzième siècle, et moins dans le dix-neuvième, il en vint, pour ainsi dire, à n'avoir plus d'autre crainte que celle d'arriver au terme de son travail, en arrêtant trop tôt la dernière forme de l'objet de son admiration.

Pendant que M. Bourdillon se livrait avec une sorte de mystère aux voluptés de cette étude, l'éditeur de *Berte aus grans piés* reconnaissait, dans un manuscrit de la Bibliothèque nationale, cette chanson de Roncevaux, que tout le monde, à l'exception de M. Bourdillon, croyait perdue depuis beaux jours, et dont on n'avait conservé d'autre idée que celle d'une cantilène composée de huit à dix petits couplets. « Maintenant, » écrivait-il à la fin de 1831, « nous ne chercherons plus la fausse chanson de Roland
« ou de Roncevaux dans quelques pages oubliées de nos anciens
« manuscrits ; nous n'exigerons plus, dans ce poëme, la brièveté,
« la forme et jusqu'au refrain habituel des pièces de nos jours
« qui portent le même nom. Nous nous contenterons de recourir
« aux manuscrits intitulés : *Li Romans ou la Canchon de Roncevals*,
« qu'il était facile de retrouver à la Bibliothèque du Roi ; et après
« les avoir lus, nous cesserons de croire à la perte de ce précieux
« monument des traditions et de la littérature françaises[1]. »

L'attention des amateurs de notre littérature ancienne était éveillée ; dès 1832, M. Henri Monin soutint une thèse en Sorbonne sur le texte de la *Chanson de Roncevaux* conservé dans la Bibliothèque royale ; il en fit une analyse intéressante, il en osa même comparer le mérite à celui de plusieurs chefs-d'œuvre de la belle antiquité.

En 1834 parut l'*Essai sur les bardes, les jongleurs et les trouvères normands et anglo-normands*, du savant abbé de La Rue : on y

---

1. *Lettre à M. de Monmerqué sur les Romans des Douze pairs de France*, en tête du *Roman de Berte aus grans piés*.

trouvait, au second volume, la révélation du manuscrit d'Oxford et quelques citations assez incorrectes du poëme de Roncevaux.

Trois années plus tard, M. Michel donna l'édition *princeps*, qu'il intitula : « *La Chanson de Roland ou de Roncevaux, du douzième siècle, publiée pour la première fois d'après le manuscrit de la Bibliothèque Bodléienne à Oxford, par Francisque Michel*. Paris, Silvestre, 1837; in-8° de LIX pages de préface et 319 pages de texte et commentaires.

L'éditeur en avait reconnu le texte deux années auparavant dans la bibliothèque Bodléienne, et son expérience lui avait fait aisément juger, comme il le dit dans un excellent rapport adressé à M. Guizot, ministre de l'Instruction publique, que c'était la plus ancienne leçon d'un poëme dont nous ne possédions en France que des remaniements. Les difficultés de lecture, pour grandes qu'elles fussent, ne pouvaient arrêter un aussi bon linguiste. Il avait donc transcrit le volume, et son premier soin en rentrant en France avait été de demander qu'une aussi précieuse relique fût, sinon confiée aux presses de l'Imprimerie royale, au moins publiée sous les auspices du gouvernement français. Peut-être s'y prit-il gauchement, en simple homme de lettres qu'il était : on lui répondit par un refus. Alors il fit imprimer la *Chanson de Roland* à ses frais, au nombre restreint de deux cents exemplaires. Pour l'élégance et la netteté des caractères, nous devons dire que cette première édition ne le cède en rien à la dernière, digne pourtant, sous ce rapport, de l'Imprimerie nationale, et qu'elle lui est de beaucoup supérieure pour la correction du texte et des commentaires.

La publication de M. Michel vint surprendre péniblement M. Bourdillon; car il ne reconnaissait ni l'antériorité, ni le mérite du manuscrit d'Oxford. A son tour il publia le texte qu'il avait disposé, et d'abord la traduction : « *Le Poëme de Roncevaux, traduit du roman en français, par J. L. Bourdillon*. Dijon, imprimerie de Frantin, 1840 (245 pages, dont 108 d'introduction); puis le texte : *Roncisvals, mis en lumière par J. L. Bourdillon*. Paris, Treuttel et Würtz, 1841 (206 pages).

Les mauvaises dispositions de ce deuxième éditeur à l'égard du premier portaient en quelque sorte leur excuse avec elles. M. Francisque Michel, partisan inébranlable de la reproduction exacte des manuscrits, n'avait rien voulu changer à la lettre de celui d'Oxford; et la crainte de travestir étant chez lui plus forte que l'espérance de restituer, il avait accepté la Chanson de Roncevaux telle que le plus ancien texte nous l'avait conservée. Sur ce point, comme presque sur tous les autres, les bons juges donneront raison à M. Michel contre son adversaire ; mais enfin, après l'excellente édition qu'on lui devait, il n'y avait plus rien de mieux à faire que de comparer entre elles les diverses leçons du même poëme, et d'établir un nouveau texte sur cette comparaison délicate et difficile. C'est là précisément ce que voulut faire M. Bourdillon. Il est vrai qu'il s'obstinait à méconnaître l'intérêt du manuscrit d'Oxford ; mais il avait ardemment étudié et scrupuleusement confronté tous les autres, ceux d'Italie comme ceux de France. Il avait fait plus : il les avait tous appris par cœur, et, en les ruminant sans cesse et les retournant en tous sens, il avait fini par acquérir la conviction que le chantre sublime de Roncevaux n'avait pu faire de mauvais vers et ne s'était jamais contredit ni répété ; que les interpolations ne pouvaient soutenir le voisinage de la création originale, et que tous les bons vers ressortaient comme d'eux-mêmes et dans un jour pur, auquel les vers ajoutés et parasites formaient une ombre naturelle.

Que M. Bourdillon ait été, sous ce rapport, à l'épreuve de toute illusion, je me garderai bien de le soutenir. Il s'était renfermé dans l'étude trop exclusive d'une seule composition ; il ne l'avait pas assez confrontée aux autres productions du même temps et du même caractère. Mais, en dépit des erreurs assez nombreuses qui le déparent, il faut avouer que son texte offre une lecture suivie, et forme un poëme abondant en véritables beautés. La traduction se recommande par une simplicité noble, élégante et facile ; elle suffit déjà pour nous permettre de comprendre l'ancienne célébrité du poëme original. On reconnaît dans un pareil travail le littérateur sincèrement passionné pour une œuvre digne, après tout, du plus vif intérêt. Et quelle admirable persistance, quel généreux dévouement dans ces nombreux voyages, dans ces grands frais d'acquisition et de publication entrepris dans l'unique espoir de rendre à la France son plus beau, son plus ancien poëme ! Tout cela ne méritait-il pas l'hommage d'un véritable respect ? Au lieu de respect, M. Génin trouve l'occasion d'une froide raillerie, fondée sur une citation tronquée. « M. Bourdillon, » dit-il, « avoue quelques remaniements dans la disposition du texte, « *pour dégager la statue du bloc de marbre* et des haillons dont

« la main des hommes l'avait affublée. Mais il ne croit pas avoir
« omis *un seul vers* appartenant à l'auteur. J'ai constaté les sup-
« pressions qu'il s'est permises, ici de dix vers, là de quinze,
« ailleurs de trente, plus loin de quarante; le tout formant un
« total de huit cents vers. Voilà ce que M. Jean-Louis Bourdillon
« de Genève *appel · dégager la statue.* Cela paraît effectivement
« assez dégagé [1]. » Le mauvais ton, dans ces lignes, le dispute
à la mauvaise foi. M. Génin, d'abord, devait s'étonner moins
que personne de la suppression d'un millier de vers dans le choix
du meilleur texte, puisqu'il a fréquemment répété que les manuscrits consultés par M. Bourdillon regorgeaient de détails parasites et d'intercalations insipides. Le reproche d'avoir rejeté huit
cents vers tombe donc sous l'autorité du censeur qui l'exprime.
D'un autre côté, pourquoi cette affectation railleuse à rappeler
les prénoms et la patrie d'un littérateur modeste, homme de
bonne éducation et de bon lieu? N'est-ce pas là copier, fort mal
à propos, des façons d'agir par trop *dégagées*? Quand Voltaire des-
cendait à ces indignes moyens, il répondait à d'ardents adver-
saires, à des Fréron, à des Chaumeix. L'un était juif converti,
l'autre natif de Quimper-Corentin. Mais évidemment il n'y avait
aucun rapport sensible entre Abraham Chaumeix et M. Bourdillon; je doute même qu'on en puisse trouver davantage entre
Marie Arouet de Voltaire et le citoyen Jean-François Génin,
d'Amiens, d'Épinal ou de Montbéliard. Que cela soit dit une fois
pour toutes.

L'édition de M. Francisque Michel est, comme nous l'avons dit,
la reproduction exacte du manuscrit d'Oxford. Dans une intéressante préface, l'éditeur réunit tous les anciens témoignages relatifs
à ces grands noms de Roland et de Roncevaux; il rassemble les
preuves de l'existence et de la conservation de l'ancienne chanson de
geste; il réfute M. de La Rue, qui, prenant occasion d'un nom de
jongleur ou de copiste inscrit dans le dernier vers du manuscrit
d'Oxford, avait hasardé des hypothèses chimériques aujourd'hui
renouvelées par M. Génin. M. Michel expose ensuite les raisons
qui l'ont fait recourir à l'emploi des parenthèses et des chiffres :

1. Introd. de M. Génin, p. cviii. Voici les expressions de M. Bourdillon : « Notre poëme, si l'on peut l'assimiler à « une statue, s'est trouvé *non pas sorti du bloc de marbre*, mais dégagé des haillons « dont la main des hommes, pendant plusieurs siè-cles, l'avait affublé. Ce travail s'est · achevé de telle façon qu'en vérité je ne crois pas avoir omis *dix vers* appartenant à « l'auteur. » (*Introduction*, p. 88.)

des *parenthèses*, pour suppléer les syllabes ou lettres oubliées; des *chiffres*, pour distinguer les couplets l'un de l'autre, et pour rendre les citations plus faciles. Autrefois chacun de ces couplets se chantait tout d'une haleine, et la dernière ligne était le signal d'un repos plus ou moins long [1]. Il est donc nécessaire de les bien séparer dans les éditions modernes. M. Génin, sans doute pour n'avoir pas toujours l'air de copier son modèle, a dédaigné cette règle importante. Il a fait une division en cinq *chants*, qui n'était indiquée dans aucun manuscrit; il a mêlé les *couplets*, qui dans tous les leçons manuscrites étaient divisés. Ainsi, plusieurs fois, les lignes qui formaient un couplet ont été rejetées au début d'un alinéa; et bien plus encore, le quatrième chant et le cinquième commencent par des lignes qui appartiennent à la fin du *vers* ou couplet précédent. C'était là, de gaieté de cœur, détruire la disposition et toute l'économie de l'ancienne chanson de geste. Ajoutons qu'il a reproduit avec une extrême négligence les parenthèses de M. Francisque Michel, même quand il adoptait ses restitutions. Il en résulte qu'on ne peut plus distinguer, dans le texte *critique*, les mots fidèlement transcrits de ceux qui sont ajoutés par l'effet de conjectures plus ou moins justes. Cette incurie donnerait seule à la première édition une incontestable supériorité.

M. Francisque Michel finit par adresser des remercîments à tous ceux qui, de près ou de loin, par leurs travaux antérieurs, leurs encouragements ou leurs conseils, ont pu le servir dans cette publication difficile et dispendieuse. Loin de se plaindre de n'avoir pu intéresser le gouvernement à la publication de la Chanson de Roncevaux, « nous ne saurions, dit-il, terminer ces lignes « sans faire éclater la joie que nous éprouvons en voyant l'étude « de notre ancienne littérature se multiplier de jour en jour, et « le gouvernement se joindre au public pour encourager ceux qui « se livrent aux pénibles investigations qu'elle exige. Élançons-« nous dans cette route, que d'autres ont ouverte; les hommes « d'élite nous tiendront compte de nos efforts. »

1. Le mot *couplet* était même alors exprimé par celui de *vers*, comme la stance chez les Latins. Dans le *Roman de la Violette*, Gérard, déguisé en jongleur, ayant chanté un couplet formé d'une trentaine de lignes, le poëte ajoute :

Ainsi leur dist *vers* dusqu'à quatre,
Pour eus solacier et esbatre.

C'est-à-dire, jusqu'à quatre couplets.

M. Génin l'a pris aujourd'hui sur un autre ton. Apparemment il ne doit rien à personne, même à l'excellente édition qu'il copie. Il a pour M. Michel des réprimandes ordinairement mal fondées ; pour tous les autres antiquaires auxquels il grivèle le fruit de leurs veilles désintéressées, il n'a que des outrages. Par exemple, M. Le Roux de Lincy lui avait offert, dans un excellent travail sur l'ancienne version du Livre des Rois, tous les moyens d'expliquer le système orthographique du manuscrit d'Oxford ; malheur à M. de Lincy ! Ce n'est plus dès lors qu'un éditeur sans critique et sans portée. Quand il a soutenu (avec les meilleurs juges) que la version du Livre des Rois était en prose, il a commis une erreur grossière ; M. Génin lui apprendra qu'elle est écrite en beaux vers blancs de toutes mesures. — M. Delécluse s'était essayé sur le Roland, avait traduit le texte d'Oxford, l'avait accompagné d'observations neuves, ingénieuses, piquantes : il n'est pas nommé par M. Génin. — M. Francis Wey ne s'était pas borné à traduire, à analyser la chanson de Roncevaux : il avait fait un volume très-remarquable sur l'origine de la langue française ; et, sans prétendre (comme M. Génin, deux ans plus tard) avancer des choses absolument nouvelles, il avait démontré que notre idiome remontait aux premiers jours de l'invasion romaine ; qu'il existait florissant dans une grande partie de la France dès le règne de Charlemagne ; que les preuves s'en retrouvaient dans les actes des conciles, dans les chartes, dans les chroniques contemporaines. En galant homme, M. Génin ne prononce pas même le nom de M. Francis Wey ; mais, avec la plus touchante modestie, il veut bien convenir que personne, avant lui, Génin, ne s'était avisé de poursuivre les commencements de la langue française au delà du onzième siècle, et qu'il allait, le premier, accomplir cette œuvre nouvelle et difficile. « Il s'est trouvé, « dit-il, des savants pour discuter cette thèse, que l'italien de nos « jours existait comme patois populaire, à côté du latin de Cicéron ; « mais *personne* ne s'est encore présenté pour examiner si, dans « les ténèbres du moyen âge, lorsque les classes lettrées se ser- « vaient encore d'un latin tel quel, le peuple, à côté d'elles, ne « parlait pas déjà français. » Personne ! à l'exception de Pasquier, de Fauchet, de Du Cange, de Barbasan, des auteurs de l'Histoire littéraire, de Roquefort, d'Ampère, de Guessard, de Francis Wey, et de vingt autres. Cette prétention de M. Génin paraît assez *dégagée* ; mais retournons à la première édition.

Après le texte de la chanson et le *fac-simile* d'une page du volume d'Oxford, M. Michel soumet au lecteur ses doutes sur la lecture d'un assez grand nombre de passages. En représentant la forme matérielle des mots incertains, en proposant d'assembler autrement certains groupes de lettres et de syllabes, il a fourni d'excellents éléments de correction, dont M. Génin a tiré tout le parti possible. Je ne l'en blâmerais pas, s'il avait eu soin de reconnaître le bienfaiteur; mais on verra que partout notre homme a l'air de retrouver son bien, et que nous lui devons apparemment des actions de grâces quand il veut bien dissimuler la source à laquelle il puise. *Cacher les bienfaits reçus*, telle est sa maxime favorite. Citons quelque autre exemple : un amateur officieux, pendant un voyage d'Angleterre, avait visité la bibliothèque Bodléienne d'Oxford; il avait reconnu dans le manuscrit du *Roncevaux* quelques variantes de lecture, qu'il avait transmises à M. Génin. Croira-t-on qu'il n'est pas même indiqué dans le *texte critique?* Ces variantes sont, en général, d'une importance fort secondaire ; mais, enfin, elles figurent dans les notules du bas des pages. Et comme il est certain que M. Génin n'a jamais entrevu le manuscrit d'Oxford, et qu'il n'a pas eu d'autre guide que l'édition de M. Michel, il faut qu'un autre ait accepté la commission de relever ces variantes. Établir un *texte critique* par commissaire! On ne l'avait pas encore vu. Mais, enfin, quel est le nom, l'autorité de ce commissaire? Nous l'ignorons, et M. Génin aurait bien fait de ne pas rendre la question indispensable.

Le *glossaire* et l'*index* de M. Francisque Michel sont dignes de ses autres ouvrages du même genre. Sans chercher à présenter une explication hasardée des mots dont les auteurs du moyen âge n'éclairent pas le sens exact, il y rassemble l'indication de tous les endroits où chacun de ces mots est employé dans le poëme. Les autres, il les explique à l'aide de citations empruntées en général à des ouvrages inédits. Grâce à cette œuvre de savoir et de patience, le poëme devient intelligible à tous, dans les endroits qui ne semblent pas corrompus ; et l'éditeur, en nous avertissant des difficultés réelles, nous excite à tenter de les résoudre et de pénétrer sur son propre terrain plus avant que lui-même.

Telle est donc la première édition de la Chanson de Roncevaux. Sans aucun doute, elle méritait parfaitement d'être considérée comme un excellent *texte critique*. Appréciation des manuscrits divers, exposition des sources historiques et romanesques, indication des anciennes traductions et imitations, restitution proposée des endroits absents ou corrompus, glossaire, index, rien n'y manque. Par conséquent, il était impossible qu'un nouvel éditeur ne tirât pas le plus grand parti de cette première lecture, de ces premiers commentaires, de ce premier glossaire; et l'on devait s'attendre à voir M. Génin rendre un sincère hommage au guide qu'il avait suivi et qui d'avance avait écarté de la route les plus embarrassantes épines. Le croirait-on cependant? ni dans le titre ni dans l'introduction, M. Génin n'a rappelé le travail antérieur qu'il s'est contenté de mal reproduire. Il y a plus, et nous devons tous le regarder comme le premier éditeur de la Chanson de Roncevaux. Écoutons plutôt :

« *Désormais*, on ne *reprochera* plus à la littérature française
« de manquer d'une épopée. *Voilà* le Roland de Théroulde; et si
« la France a si longtemps attendu à la montrer aux autres na-
« tions, c'est qu'il a fallu, pour la retrouver, fouiller plus profon-
« dément. J'avoue que cette épopée ne *paraîtra* pas brillante
« et polie, comme celle du Tasse ou de l'Arioste; mais la rouille
« vénérable dont elle est couverte *n'empêchera pas* d'en apprécier
« toute la valeur. Cependant la vétusté n'est pas une recomman-
« dation qui puisse tenir lieu de toutes les autres. On a exhumé
« de la poudre des bibliothèques des compositions du douzième
« ou du treizième siècle, qui, annoncées pompeusement sous le
« titre de grandes épopées, n'ont point justifié par leur mérite
« l'enthousiasme de leurs parrains; l'illusion qu'on avait voulu
« produire n'a pas duré longtemps, et l'intelligence du public a
« bien vite sondé la véritable valeur de l'œuvre sous la couche
« d'archaïsme qui semblait la protéger. C'est cette perspicacité
« *qui me rassure* pour la fortune du poëme de Théroulde. » (Introduction, pag. vi.)

Si M. François Génin eût compté la première édition pour quelque chose, il aurait trouvé de suffisants motifs de sécurité, non dans la sévérité du public intelligent à l'égard des fausses épopées, mais dans l'accueil fait précédemment à la Chanson de Roncevaux elle-même. Pour mieux se défendre d'en avoir jamais entendu parler, ne va-t-il pas jusqu'à dire : « Le *Roland*
« diffère essentiellement de tous les poëmes du moyen âge *pu-
« bliés jusqu'à ce jour.* » M. Génin serait donc le premier, l'unique parrain de Roland; seul il aurait révélé cette épopée à la France? Or, un tel procédé n'est pas celui d'un galant homme. Nous irons plus loin : le texte d'Oxford, rapporté par M. Michel

et publié somptueusement à ses dépens, appartenait à celui qui l'avait transcrit et mis en lumière. Personne n'avait droit de le reproduire sans l'agrément de ce premier éditeur; et par conséquent, il faut que la religion de MM. les membres de la Commission des Impressions gratuites ait été surprise, quand on a fait concourir l'État à la publication d'une sorte de contrefaçon qui pouvait justifier une réclamation judiciaire. Il y a même, sur ce point, autorité de chose jugée : le premier éditeur d'un manuscrit a droit de propriété sur le texte qu'il a publié. Mais M. Génin se croit apparemment au-dessus de la règle générale.

D'ailleurs, si, dans l'*Introduction*, le nom de M. Francisque Michel est passé sous silence, il apparaît abondamment dans les notules mises plus tard au bas des pages du texte, et dans les notes de la fin du volume. Là, M. Génin a d'autant moins de répugnance à le prononcer, qu'il y trouve une occasion toujours nouvelle de blâmer et de redresser son guide; à chaque mention, nouveau coup de férule. Nous verrons bientôt quelle justice a présidé à cette magistrale distribution.

Pour moi, j'ai pensé remplir un devoir en examinant, sans aucune complaisance, la nouvelle édition de la *Chanson de Roncevaux*. M. Génin n'a pas seulement fait un mauvais livre, il a fait une méchante action. Il a beau le dissimuler, la chanson de geste était avant lui découverte, publiée, traduite et commentée. En la traduisant plus mal qu'on n'avait encore fait, en la publiant avec un cortége de fautes qui ne déparait pas la première édition, en touchant avec malheur à l'histoire des commencements de la langue et de la littérature françaises, M. Génin espérait donner à croire qu'il avait seul bien senti le mérite de ce poëme, et le premier découvert les origines du langage en France. Pour mieux atteindre ce but, il a prodigué l'insulte à tous les antiquaires qui l'avaient précédé dans le même ordre de recherches, il a nié le résultat de leurs veilles laborieuses. Or il ne convenait pas d'abandonner à la malveillance intéressée de M. Génin l'honneur des grands travaux accomplis en France depuis un demi-siècle, dans la pensée de faire mieux connaître à l'Europe savante les premiers chefs-d'œuvre de la littérature nationale. Ces travaux n'ont pas été faits, comme il le dit, « au hasard et sans l'aveu du goût; » ils ont produit tous les résultats qu'on était en droit d'en attendre. La langue du treizième siècle, qu'on s'accordait à considérer comme un patois méprisable, comme un jargon dégénéré, est devenue, mieux étudiée, la rivale souvent victorieuse de la langue de Dante et de Boccace. On a reconnu ses délicatesses, on a reconstruit sa grammaire. On a démontré que, loin d'avoir jamais rien emprunté aux Allemands, aux Anglais, aux Italiens, aux Espagnols, nos écrivains avaient été admirés et imités par les plus beaux génies de ces nations étrangères. Le *Lancelot* français a inspiré l'*Amadis* espagnol; la *Chanson d'Antioche* a présenté des beautés plus solides peut-être que celles de la *Jérusalem délivrée*; sans nos vieux trouvères, l'Italie ne se serait jamais glorifiée de son *Décaméron* ni de son *Roland furieux*. C'est enfin un titre assez légitime à l'estime publique d'avoir retrouvé et remis en lumière des épopées telles que Witikind de Saxe et Raoul de Cambrai, des chroniques comme celles de Reims, d'Angleterre, de Belgique et de Normandie; des poésies comme celles d'Eustache Deschamps, de Marie de France et de Rutebeuf; des romans comme ceux de Renard, de Parthénope de Blois, de la Violette et du Châtelain de Coucy; sans parler d'un mélange innombrable de chansons légères, de lais, de fabliaux, de compositions morales et didactiques; d'une foule de biographies, de glossaires et de dissertations curieuses et savantes. Ces heureuses productions de notre littérature nationale, nous les avons ressuscitées à grands frais d'argent et de temps; personne ne nous a aidés, et, satisfaits de l'approbation d'un petit nombre d'esprits distingués, nous n'avons jamais eu recours à des annonces mendiées, à des réclames mercenaires. Quand la nation se montrait assez libérale pour fonder des cours de slave, de javanais, de sanscrit et d'indoustani, nous n'avons pas même réclamé une seule chaire d'ancienne littérature française. Mais si l'on voulait s'en rapporter à M. François Génin, chef de la division des travaux littéraires au ministère de l'Instruction publique, nous n'aurions jamais rien entendu aux origines de notre langue, et nous n'aurions exhumé que de sottes rapsodies, pompeusement annoncées et justement vouées aux mépris d'un public intelligent.

Cependant, je le déclare en toute sincérité, si M. Génin, en faisant paraître une troisième édition de la *Chanson de Roncevaux*, n'avait disposé que des ressources dont nous nous sommes toujours contentés; si son livre, imprimé comme les nôtres à fort peu d'exemplaires, ne devait arriver qu'aux mains de savants particulièrement voués à l'étude du moyen âge, je ne perdrais pas à l'examiner un temps qui pourrait être mieux employé. Chacun de ceux qui viendraient à l'ouvrir en ferait aisément justice; on rirait de la curiosité des prétentions, de la singularité des paradoxes; on serait désarmé. Mais il en est tout autrement. Le livre a été tiré à grand nombre, aux frais de l'Etat, qui sans doute éprouvait vivement le besoin d'encourager le pauvre chef de division. Tous les journalistes l'ont reçu, et ces messieurs, de leur nature peu compétents en pareilles matières, ont déjà grandement loué, par un juste sentiment de reconnaissance, le haut fonctionnaire qui avait bien voulu les honorer de ses largesses. De la meilleure foi du monde, ils applaudiront aux assertions de l'éditeur : M. Génin seul aura vu clair dans les ténébreux commencements de la langue française; et c'est uniquement pour faire bonne et sommaire justice qu'il n'aura pas même prononcé le nom de ceux qui avaient avant lui résolu les questions qu'il a réellement fort embrouillées. Ainsi, le plagiaire recueillera le fruit de son ingratitude, et les couronnes de l'Institut, refusées à des savants plus modestes, ceindront le large front de M. François Génin. Non, la critique littéraire ne pouvait se rendre complice d'une telle charlatanerie; et M. Génin, en savourant à longs traits le seul plaisir auquel il ait jamais paru sensible, celui de mordre, a dû s'attendre aux représailles de ceux qu'il avait insolemment provoqués. Qu'il soit homme d'esprit, on le reconnaît en général, et je n'ai pas la moindre envie de le contester; il en a même donné plus d'une preuve dans cette fâcheuse édition de la *Chanson de Roland*. Mais pour une œuvre d'érudition philologique, l'esprit, qui ne gâte rien, ne saurait pourtant suppléer à l'étude, à la réflexion. Il faut que l'imagination accepte la règle du goût; et que la bonne foi se charge de faire équitablement la part de ceux dont la science et les travaux sont mis à contribution. M. Génin ne pouvait comprendre de pareils devoirs; car son mérite, après tout, se réduit à celui de bon insulteur public. Il a conquis à ce métier la réputation de terreur dont il jouit depuis longues années. Otez-lui les ressources de l'invective, il n'évitera le plagiat que pour tomber dans l'impuissance. Je me souviens qu'un jour il voulut composer un opéra, paroles et musique; rien que cela. Devinez ce qu'après avoir longtemps ruminé, notre homme parvint à mettre au monde : les paroles, il les prit à Sedaine; la musique, il oublia de la faire et se contenta du récitatif. Il avait inventé cet opéra comme il vient d'inventer le nom de Théroulde, les vers blancs de toute mesure, les origines de la langue vulgaire et la théorie de la prononciation uniforme dans toutes nos anciennes provinces de France au onzième siècle. Mais, pour faire passer tant de belles choses, il eût été probablement plus sage de ne pas chercher querelle aux pauvres bonnes gens; par malheur, *on ne s'avise jamais de tout* [1].

EXAMEN DE L'INTRODUCTION.

CHAPITRE Ier. — *Aperçu du poëme.* — Nous voici, dès le début, forcés de contredire M. Génin. Il veut que « les temps épi-
« ques soient les temps où le nom de l'épopée était inconnu ; —
« Achille et Agamemnon ne soupçonnaient pas qu'ils fussent
« des héros épiques ; Homère ni Théroulde ne poursuivaient
« pas la gloire de bâtir une épopée. » Tout cela n'a qu'un faux air de pensée. Au temps où le poëme de Roncevaux fut composé, le mot *épopée* se rendait en France par celui de *chanson de geste.* Achille, Agamemnon ne vivaient plus quand on chanta leurs grandes actions, et Roland souhaitait qu'on fît sur lui de bonnes chansons. Enfin, Homère et l'auteur du Roncevaux ne ressemblaient pas à M. Jourdain; ils savaient bien qu'ils composaient des poëmes héroïques et des chansons de geste.
— « Le vice radical de toutes ces compositions laborieusement
« imitées et calculées, c'est que l'art y étouffe la nature ; que tout
« y est factice, et même sans véritable intérêt. » (Pag. IV.)

Il s'agit ici de la *Jérusalem délivrée*, du *Paradis perdu*, du *Roland furieux*, etc., etc. Or, l'exagération d'une pensée vraie la rend fausse. Certainement, l'art est aussi pour beaucoup dans la composition de l'Iliade; et, d'un autre côté, on prend un plaisir extrême, et, par conséquent, un vif intérêt à la *Gierusalemme*, à l'*Orlando*. M. Génin a fait deux catégories chimériques des productions de l'art et de la nature, et cette division le conduit à des contradictions incessantes. Bientôt son *Théroulde*, représentant de la nature, possédera « un sentiment d'artiste » (p. VIII), « un art infini » (p. IX), « un art judicieux » (p. XV). Il sera « un poëte initié aux secrets les plus intimes de son art » (p. CXII), « un artiste consommé » (*ibid.*), « un poëte nourri de la lecture des écrivains classiques de l'antiquité » (p. X). On le félicitera d'avoir cité Homère

---

[1]. Titre de l'opéra-comique dont les paroles sont de Sedaine, la musique de Dalayrac, et le reste de M. Génin.

et Virgile, bien qu'il les ait nommés seulement pour nous dire qu'ils avaient vécu moins longtemps que l'amiral Baligant, le bicentenaire. Mais, enfin, que deviendra la distinction que l'on nous fait des œuvres naïves et des œuvres artificielles, si Théroulde n'a décrit la mort de Roland que pour imiter la mort de César des *Géorgiques?* M. Génin croit pourtant à cette imitation. Il est vrai que M. Génin croit à beaucoup de choses.

— « Après le supplice de Ganelon, un ange vient, de la part de
« Dieu, apporter en songe à Charlemagne l'ordre d'aller en pè-
« lerinage à la Terre sainte, et le rideau tombe sur cette scène
« mystérieuse. » (Pag. VIII.)

J'admire la *Chanson de Roncevaux*, mais dans ce qu'elle renferme, non dans les additions de M. Génin. Suivant toutes les apparences, c'est une branche particulière d'une grande geste qui embrassait le récit de toute la guerre d'Espagne. Dans la plupart des leçons, cette branche de Roncevaux s'arrête avec le supplice de Ganelon et le baptême de la reine Bramidoine. Le texte d'Oxford, différent en cela de celui de Venise, ajoute un dernier couplet qui ne devait pas être séparé de la chanson suivante. Le voici :

> Quant l'emperere ad faite sa justise,
> E esclargiez est la sue grant ire,
> En Bramidonie ad crestientet mise.
> Passet li jurz, la nuit est aserie.
> Culcez s'est li reis en sa cambre voltice,
> Seint Gabriel de part Deu li vint dire :
> « Carles, semun les oz de tun empire,
> « Par force iras en terre debre,
> « Reis Vivien si succuras enimphe
> « A la citet que paien unt asise.
> « Li crestien te recleiment e crient. »
> Li emperere n'i volsist aler mie :
> « Deus, » dist li reis, « si penuse est ma vie ! »
> Pluret des oilz, sa barbe blanche tiret.
> Ci falt la geste que Turoldus declinet.

Il est impossible de dire comment il faudrait restituer, dans le huitième vers, la dernière syllabe enlevée. Est-ce *Bretaigne*, est-ce *Berrevic* ou *Berry?* S'agit-il d'une nouvelle expédition en Angleterre, en Armorique, en Allemagne, en Languedoc? On ne connaît pas le roi Vivien; on ne sait pas si *Imphe* est un nom de lieu, ou *Nimphe* un nom d'homme. Tel est le terrain mouvant que M. Génin a choisi pour échafauder la scène mystérieuse sur laquelle tombe le rideau de Théroulde. Il ne lui faut opérer qu'un tout petit changement : *Ebre* ou *Bre* devient la *Syrie*; et cela bien convenu, *Imphe* doit être *Nimphe*, et *Nimphe* un ancien faubourg d'Antioche (pag. 461). — Vous riez? — *Nimphæa* n'est-il pas un des noms quelquefois donnés à *Daphné*? N'y avait-il pas, près de l'ancienne Antioche, un lieu nommé Bois de Daphné? Donc *Bre*, *enimphe* signifient *Syrie* et *Antioche*. Rien n'est plus clair au monde.

Voilà ce qu'on découvre à l'aide d'un texte critique, et ce que M. Francisque Michel n'a pas même eu l'esprit d'entrevoir. « Tout « cela, ajoute aussitôt M. Génin, est dessiné d'une main *ferme*, « avec un choix et une *sobriété de détails* qui décèlent un senti- « ment d'artiste dont on chercherait vainement la plus légère trace « dans cette foule de compositions d'une date plus récente. »

Deux choses nous frappent encore dans le couplet cité plus haut : d'abord M. Génin en a supprimé les trois premiers vers, en dépit des gros reproches faits à M. Bourdillon et à M. Fauriel, qui avaient traité de hors-d'œuvre certaines répétitions. M. Génin les biffe, « parce, » dit-il, « qu'ils sont une superfétation manifeste. » Cette hardiesse ne s'accorde pas avec les théories de l'*Introduction*.

Puis du nom de *Turoldus*, placé dans le dernier vers, il fait *Théroulde*. Lui demandez-vous les motifs de ce changement? Il se justifie comme un autre s'accuserait : « Les noms propres, à cause « de l'intérêt qu'on avait à les transmettre le moins altérés pos- « sible, furent naturellement la dernière espèce de mots à rece- « voir la forme vulgaire, sinon dans la pratique, au moins dans les « écrits. » (P. 463.) Donc *Turoldus* était le vrai nom, et tout au plus devait-on lui substituer *Turold*.

« *Theroulde* était particulier à la Normandie, et la forme Tu- « roldus allait partout. » (*Ibid.*)

Qui vous a dit que *Turoldus* fût Normand? Et cela même admis, n'y avait-il pas en Normandie des Tureau, Thurot, Turel, Turou, aussi bien qu'un lieu nommé *Bourgtheroulde*? Pourquoi choisir la forme la plus éloignée de *Turoldus*?

Mais « l'auteur du *Partonopeus de Blois*, qui se nommait Py- « ram, dit en son début : *J'ai à nom Denis Pyramus*. Théroulde,

« Pyram étaient pour les compatriotes; Turoldus, Pyramus,
« pour le monde entier. » (*Ibid.*)

Raison de plus de laisser *Turoldus* pour nous, qui ne sommes pas Normands. D'ailleurs, je conçois *Pyram* pour *Pyramus*, et *Turold* pour *Turoldus*; mais Théroulde! Vous n'auriez jamais adopté ce vilain nom, si M. Francisque Michel n'avait pas eu le bon sens de choisir *Turold*.

Il ne fallait pas dire non plus que l'auteur du *Partonopeus* se fût désigné au début du poëme. C'est le rimeur de la *Vie de saint Edmund* qui nous apprend son nom, *Denis Pyramus*, au commencement de cette légende; mais comme, un peu plus loin, il citait l'auteur de *Partonopeus* et Marie de France, pour opposer leurs inventions aux vérités qu'il allait débiter, on a mal à propos confondu l'obscur légendaire anglais avec l'excellent poëte français qui composa *Partonopeus de Blois*. Il convenait de ne pas répéter une erreur très-facile à reconnaître.

Qu'il me soit permis maintenant de donner mon avis sur le nom de *Turoldus*, dont la mention est particulière au manuscrit d'Oxford. La place qu'elle occupe à la fin du volume, dans un couplet qui ne paraît plus appartenir à la branche de Roncevaux, accuserait un copiste plutôt que l'auteur du poëme. Les trouvères, quand ils étaient connus, étaient ordinairement signalés par les jongleurs dans les premiers couplets. Ainsi Raimbert, en tête de l'*Ogier*; Herbert le Duc, en tête du *Foulque de Candie*; Jean Bodel, en tête des *Saxons*, etc., etc. Les copistes, au contraire, écrivaient leur nom tout à la fin de leur besogne, comme aurait fait ici le Théroulde de M. Génin.

D'ailleurs, l'usage de la terminaison latine pour les noms de personne, est anglais. Pyramus et Turoldus, s'ils avaient été de France ou seulement de Normandie, auraient écrit leurs noms comme on les prononçait, à l'instar de Wace, de Benoît, de Graindor, de Raimbert, de Chrétien de Troyes et d'Alexandre de Bernay. M. Génin ne voudra pas sans doute qu'un Anglais soit le chantre sublime de Roncevaux; il est même assez malaisé de croire qu'il pût être Normand, puisque cette province est la seule en France qui n'ait pas fourni de héros aux chansons de geste.

« Pour peindre l'épuisement général, le poëte emploie un tour
« d'une naïveté homérique. *Pas un cheval ne se put tenir debout :*
« *celui qui veut de l'herbe, il la prend en gisant.* Ce cheval mérite
« une place à côté du chien d'Eumée. » (Pag. XIV.)

Ce n'est pas un cheval, mais tous les chevaux de l'armée auxquels il faudrait accorder cette place réservée. Mais j'avoue que leur héroïsme ne me parait pas digne d'une aussi magnifique récompense :

> N'i ad cheval qui puisse estre en estant.
> Qui l'erbe veut il la prent en gisant.   (Ch. IV, v. 126.)

Ce que l'on rend par ces beaux vers blancs :

> N'y a cheval qui puisse se tenir debout.
> Celui qui a faim d'herbe, il la prend estendu.

M. Génin reproduit ensuite, mais sans alléguer M Francisque Michel, toutes les citations rassemblées par ce dernier pour justifier la légende de Roland. Il aurait pu joindre à ces témoignages un endroit extrêmement curieux des *Gesta Dagoberti regis*, dans lequel la défaite de douze ducs dans les gorges de la Soule, près de Roncevaux, est racontée par un écrivain qui certainement vivait avant Charlemagne. Mais, au lieu de traiter ces questions, M. Génin aime mieux s'en prendre aux fautes de costume et de vraisemblance du poëme de Roncevaux, pour les transformer en autant de beautés miraculeuses. Ainsi, la mort de Roland était le crime des Gascons; Théroulde a bien fait de l'attribuer aux Sarrasins. Charlemagne, en 778, avait trente-six ans et ne songeait guère à l'empire; Théroulde a bien fait de lui donner un siècle d'âge et la couronne impériale. Enfin, la commune tradition s'accordait à faire de Guenes, ou Ganelon, un grand seigneur haut de paroles et de cœur, beau de visage et prudent de conseil, le beau-frère de l'empereur, le beau-père de Roland, le chef d'une famille nombreuse et redoutable; M. Génin va s'en prendre à la mémoire d'un honnête archevêque de Sens, pour en faire le type de Ganelon. Ce bon prélat, nommé Wenilo, avait été longtemps aimé du roi Charles le Chauve, puis accusé, puis réconcilié; mort dans son lit, on l'avait honorablement enterré dans un monastère. Il n'y avait pas la plus légère allusion, dans tout le poëme, à la scélératesse d'un membre du clergé; cet archevêque Wenilo était passé, pour ainsi dire, inaperçu de ses contemporains; s'il avait un instant quitté le parti de Charles le Chauve, il s'était empressé de revenir à ses premières affections. Mais qu'importe? M. Génin n'en sera pas moins ravi d'un rapprochement, dont les érudits précédents lui avaient laissé de grand cœur tout

le mérite. « Cette identité, ajoute-t-il, est un point très-impor-
« tant. *Elle sert à démontrer* que la légende de Roncevaux s'est
« formée au plus tôt vers la fin du neuvième siècle ou au
« commencement du dixième. » Comment douter, après cela, que
l'archevêque de Sens ne soit le véritable type de Ganelon ?

CHAPITRE II. — *De l'auteur de la Chronique de Turpin.* —
Ce n'était pas assez de faire d'un prélat du neuvième siècle le
modèle des traîtres, il fallait trouver dans un pape le modèle des
faussaires. Cette identité est encore un point très-important. L'auteur de la *Chronique de Turpin* sera donc Guy de Bourgogne,
d'abord archevêque de Vienne, puis souverain pontife sous le nom
de Calixte II.

Pour commencer cette belle démonstration, il faut admettre
qu'Oihenart, Marca, Dom Rivet et bien d'autres ont eu tort d'attribuer à l'Espagne l'invention de ce méchant roman monastique.
M. Génin a reconnu dans le latin bon nombre de gallicismes ;
par exemple : *celui qui* rendu par *ille qui* : « Ut ostenderet *illos*
« *qui* morituri erant ; — *illæ quæ* erant viginti ; — *illis qui* dant
« nummos, etc. » (Pag. xxx.)

Mais on ne voit pas bien comment ces barbarismes représentent *ceux* ou *celles* français, non l'*estos* ou *estas* espagnols ;
notre article *les*, plutôt que l'article espagnol *los*. On ne reconnaît
pas mieux les autres gallicismes signalés. — *Courir après quelqu'un* et *correr despues alguno* appartiennent aux deux langues,
et surtout à l'espagnole. Nous aurions dit plutôt en France *currere
super*, courre sus, ou tout simplement *currere* avec le régime
direct. — *An* latin répond au *si* espagnol et français. — Autrefois, quoi qu'en dise M. Génin, on ne disait pas *croire Dieu*, mais
croire en Dieu :

Je croi en Deu le fil Marie,
Qui nos raienst de mort à vie. (*Partonopeus*, tom. I, pag. 53.)

Le verbe espagnol *maldecir* se prenait activement, comme le
maudire français. — Enfin, un Espagnol pouvait, comme un Français, expliquer Durendal : « *Durum ictum dans cum ea.* » (*Ibid*).
Car *Dur* se dit *duro* en espagnol ; le *dur* espagnol répond au
donner français, et le *dur' en dar* espagnol est moins éloigné de
Durendal que le *dur en donner* français.

Cette autre méchante preuve d'une origine française tirée du nom des Francs (libres de servitude) n'est pas même admissible, puisque le passage dans lequel l'explication se trouve a été certainement interpolé au profit de l'abbaye de Saint-Denis. Il n'est pas dans les anciennes leçons, et le dernier éditeur des *Chroniques de Saint-Denis* n'avait pas manqué d'en faire la remarque (t. II, p. 282).

La *Chronique de Turpin* n'est pas française. C'est l'œuvre d'un moine espagnol, qui connaissait à peine de nom nos plus fameuses chansons de geste. L'intention du livre est claire : encourager le pèlerinage de Compostelle. C'est là que saint Jacques avait voulu être enterré ; pour indiquer la route de son tombeau, la constellation dite *Chariot de David* avait pour la première fois brillé dans le ciel. Charlemagne n'était entré en Espagne que pour y faire ses dévotions, et le glorieux empereur avait lui-même érigé l'église en métropole à peine subordonnée à Rome, et placée fort au-dessus d'Éphèse et de Jérusalem. Cependant Compostelle était en rivalité avec une ville voisine nommée *Iria*. Après avoir raconté les générosités de Charlemagne, le faussaire ajoute : « Apud Iriam minime præsulem instituit, « quia illam pro urbe non reputavit ; sed villam subjectam sedi « Compostellensi esse præcepit. » Pourrait-on à ces indices méconnaître l'esprit de clocher ? — Autre preuve non moins forte : toutes les villes d'Espagne sont désignées avec une exactitude minutieuse ; il n'y a de nommées que deux villes de France, Agen et Saintes, voici comment : Quand Agolan est chassé d'Agen, et reprend le chemin d'Espagne, il recule jusqu'à *Saintes*, la capitale de Saintonge. Est-ce un docte prélat, est-ce un Français du Dauphiné qui jamais aurait fait de pareilles bévues ?

La *Chronique de Turpin* ne fut répandue qu'au commencement du douzième siècle ; en France par l'intermédiaire de Geoffroi, prieur du Vigeois, en Italie par celui de Frédéric Barberousse. Cela ne faisait pas le compte de M. Génin. Il commence donc par transformer Geoffroi du Vigeois, mort vers 1100, en contemporain de Calixte II, mort en 1126. Puis, Geoffroi, prieur du Vigeois en Limousin, devient Geoffroi, prieur de Saint-André de Vienne en Dauphiné : de cette façon, la lettre du prieur du Vigeois, écrite en 1192, devient celle du prieur de Saint-André, écrite en 1092 ; elle est faite à la prière de l'archevêque de Vienne, Guy, depuis Calixte ; et, dès lors, le prélat est convaincu d'avoir lui-même fabriqué la chronique qu'il faisait ainsi recommander par une de ses créatures.

Pour opérer tout ce remue-ménage historique, M. Génin s'appuie du témoignage de Bayle et d'Oihenart, qui ont effectivement réimprimé la lettre de recommandation. Mais il ne dit pas tout. Remontez aux deux autorités alléguées : vous y verrez que la lettre y porte la suscription du prieur du Vigeois et la date de 1192. Quel secours pouvait donc trouver M. Génin dans ces fameux critiques ?

Ce n'est pas dans Bayle ni dans Oihenart que M. Génin a cherché l'appui de ses rêveries ; c'est dans l'innocente étourderie de M. Ciampi, récent éditeur de la *Chronique de Turpin* (Firenze, 1822), lequel a transformé le prieur du Vigeois, *Vosiensis*, en prieur de Vienne, *Viennensis*, et la fin du douzième siècle en fin du onzième siècle. Ajoutons encore, pour la décharge de M. Génin, que Ciampi s'était avant lui fondé sur l'autorité chimérique d'Oihenart et de Bayle, et que d'autres critiques, sans prétendre tirer aucune conséquence de l'assertion de Ciampi, avaient, depuis, répété cette méprise ; mais, quand on voulait trouver dans le rapprochement de l'archevêque et du religieux de Vienne, la preuve de la complicité du second dans la fraude chimérique du premier, il convenait de recourir aux véritables sources de l'assertion de Ciampi, et de n'y pas renvoyer les autres sans y avoir puisé soi-même.

Maintenant que voilà Calixte II bien disculpé d'avoir écrit en 1090 un livre composé longtemps après sa mort, nous pouvons passer rapidement sur les allégations fausses et calomnieuses exhumées par M. Génin contre cet illustre pontife. Tous les critiques, en effet, s'accordent à reconnaître, contre le méprisable auteur protestant du *Fasciculus temporum*, qu'il n'a jamais recommandé le livre de Turpin. Si Calixte avait parlé dans le concile de Reims du tombeau érigé dans Vienne au faux Turpin, le clergé de Reims lui aurait montré les actes du vrai Turpin et la belle épitaphe inscrite sur sa tombe par l'archevêque Hincmar, au milieu de la cathédrale. Nous avons les actes de ce concile de 822, dernièrement publiés avec la dernière exactitude par Mgr le cardinal Gousset ; il va sans dire qu'on n'y trouve rien de pareil. Calixte, d'ailleurs, n'a pas laissé un seul sermon ; il n'a pas fait la relation des *Miracles de saint Jacques* ; et, pour apprécier la valeur de ces fausses attributions, il suffisait de lire les articles *Turpin* et *Calixte II* du Dictionnaire de Bayle, et dans l'*Histoire littéraire de la France*, les notices de Turpin et de Geoffroi du Vigeois. M. Génin a donc eu le plus grand tort d'avancer que « Guy de Bourgogne mourut avec la satisfaction d'avoir « joui pleinement du succès de sa fraude pieuse, en la léguant « à la postérité scellée de l'anneau de saint Pierre. » Espérons que l'auteur du texte *critique* ne mourra pas avec la satisfaction d'avoir joui du succès de son attribution non « pieuse » contre la mémoire de Calixte II.

CHAPITRE III. — *Commencements de la langue française.* — Ceux qui, par le plus grand des hasards, n'auraient encore rien lu des travaux de Pasquier, Fauchet, du Cange, Dom Rivet, Sainte-Palaye, Barbazan, Roquefort et Francis Wey, pourront trouver ici quelques aperçus nouveaux. Mais on nous saura gré de passer rapidement sur ce fastidieux inventaire de noms de personnes et de lieux dressé sur la table onomastique d'un volume du *Recueil des historiens des Gaules*, pour mieux démontrer une vérité jusqu'à présent incontestée : à savoir que, dans la période resserrée entre le serment des fils de Louis le Débonnaire et le règne de Philippe-Auguste, il y avait en France une langue française. Je ne m'arrêterai qu'aux assertions tout à fait inattendues.

Par exemple, M. Génin fait ici remonter la traduction du *Livre des Rois* et la *Chanson de Roncevaux* au dixième siècle, à cause d'un canon du concile de Tours qui « prescrivait de mettre les « Écritures en langue vulgaire. » Mais le concile de Tours avait recommandé la traduction des homélies, non celle des livres saints. Et pour le manuscrit de la version du *Livre des Rois*, que M. Génin rapporte au dixième siècle, M. Le Roux de Lincy, bien meilleur juge en pareille matière, l'avait estimé du douzième siècle, et M. de Lincy avait eu parfaitement raison.

Au reste, M. Génin sera de bonne composition. Un peu plus loin, il nous dira que le poëme de Roncevaux devait être déjà fait en 840 (p. LX). Et puis, il emploiera tout le chapitre suivant à démontrer que Théroulde devait l'avoir écrit peu de temps avant la bataille d'Hastings, c'est-à-dire vers le milieu du onzième siècle. En général, M. Génin ne s'embarrasse pas assez de ce qu'il pensera une demi-heure plus tard. C'est un défaut.

Mais pourquoi, dans ce IIIe chapitre, la version du *Livre des Rois* et le *Roncevaux* appartiennent-ils au dixième siècle? Parce, répond M. Génin, que tous deux parlent du champ de mai, et que « ces réunions cessèrent à l'avénement de Hugues Capet. » Mais ni le *Livre des Rois* ni la *Chanson de Roncevaux* ne parlent du champ de mai.

Le *Livre des Rois* dit : « En cel cuntemple que les reis se so- « lent emuvoir à ost e bataille, co est en mai. » Cela doit s'entendre du temps que les rois se mettent en campagne, et non se réunissent en champ de mai. — La *Chanson de Roncevaux* dit que le roi Marsile rassembla son armée et mit une flotte à la mer :

> Co est en mai al premer jur d'ested.

Cela veut dire que l'armée de Marsile s'ébranla en mai, et non qu'elle se réunit en assemblée de champ de mai. La plupart des chansons de geste parlent de cet usage de tous les temps et de toutes armées de quitter au printemps les quartiers d'hiver : il n'en faut pas conclure que tous ces poëmes aient été rédigés avant le règne de Hugues Capet.

Le champ de mai va devenir pour M. Génin la source d'autres belles découvertes. Du mot *mai* sera venu celui de *mail*, qu'il faudra désormais expliquer *citation aux assemblées de mai*. Hasardons une petite difficulté : les champs de mai ont remplacé les *champs de mars* sous le règne de Charlemagne : comment les mots *mallum* et *mallare*, synonymes de *citation au champ de mai*, se retrouveront-ils à chaque ligne de la loi salique et des diplômes de la première race ?

Si M. Génin avait bien voulu consulter le beau commentaire de M. Pardessus sur la *loi salique*, il aurait vu, dans la neuvième dissertation, que « la réunion des hommes libres qui rendaient « les jugements dans les tribunaux portait le nom de *mal*, en « bas latin *mallus* ou *mallum*, mot dont le sens étymologique « désigne un *lieu où l'on discute*; et que ces *mals* se tenaient toute « l'année. »

De cette curieuse origine de *mallum*, M. Génin passe à d'autres difficultés : « Une certaine étoffe venue d'outre-mer s'appelait « *bernicrist*. Pourquoi ? Devine qui pourra » (p. xliii). Pour le deviner, il suffisait d'ouvrir Du Cange. Le mot répondait au plaid des Écossais, à la *vestis hibernica*.

« La langue française ne possède pas aujourd'hui de terme « qui exprime d'un seul mot l'*action d'un huissier qui signifie un « exploit parlant à la personne*. La langue du neuvième siècle,

« plus riche à cet égard, avait *affatomie*, formé du latin *affari*.
« Et le terme est expliqué dans un capitulaire de l'an 817 : « De
« *affatomie dixerunt quod traditio fuisset* [1] (scilicet citationis). »

La parenthèse *scilicet citationis* est de M. Génin ; mais quand on devrait la sous-entendre, il y aurait encore bien loin de ce qu'il veut trouver dans l'*affatomie*. Il faut même un étrange mépris de tous les anciens textes de formules pour nous débiter cette interprétation d'un mot si bien expliqué par tous les jurisconsultes. L'*affatomie* est la déclaration dont l'objet était de transmettre la propriété. Louis le Débonnaire en ayant demandé une définition précise, les Francs, assemblés en 817, « dixerunt quod esset traditio. » Ils dirent que c'était la forme du transfert. L'*affatomie* se faisait d'une façon analogue à l'*adhramitio*, en jetant une paille dans le sein de celui qui recevait la transmission, et, suivant Eichhorn, le mot venait de l'anglo-saxon *foeth*, qui répondait au latin *sinus*. D'ailleurs, M. Génin a eu besoin de tout son esprit pour reconnaître dans la loi salique, où l'*affatomia* est alléguée, les traces d'un *huissier signifiant un exploit et parlant à la personne*.

Nous passerons sur la *fleur d'orange* et le *jardin des olives*, anciennes façons de parler démontrant qu'on disait une *orange* pour un *oranger*, une *olive* pour un *olivier*. A ce compte, *Fontenay-aux-Roses* et *Montreuil-les-Pêches* témoigneraient aujourd'hui que nous appelons *rose* un *rosier*, et *pêche* un *pêcher*. — C'est bien mal démontrer aussi que « la langue française était usuelle « au temps de Charlemagne, » d'alléguer en preuve une chanson de geste du treizième siècle, *Gérard de Viane*. Passons à une question plus intéressante.

Il y a dix ans qu'un savant allemand, M. Bethmann, chargé de continuer les *Monumenta Germaniæ historica* de M. Pertz, fit un voyage dans le nord de la France, et découvrit, sur la garde d'un manuscrit de Valenciennes, un fragment de sermon demi-latin, demi-français, remarquable d'ailleurs par de nombreux signes d'abréviation, que plus tard un élève de l'École des chartes, M. Jules Tardif, parvint à lire et expliquer d'une manière satisfaisante. La relation de l'important *Voyage historique de M. Bethmann dans le nord de la France* a été publiée d'abord en allemand, puis traduite en 1849 par M. de Coussemaker, correspondant

---

[1] Dom Bouquet, VI, p. 424.

du ministère de l'Instruction publique pour les travaux historiques. A cette traduction, M. de Coussemaker joignit un fac-similé du fragment de Valenciennes et l'explication de ce qui n'y était pas tracé en lettres tironiennes.

Tout cela n'avait certainement aucun rapport avec le texte critique de la *Chanson de Roland*; cependant, voici comme M. Génin, après avoir achevé l'inutile dénombrement de ses noms de lieu, s'y est pris pour tirer à lui quelque chose de la découverte de M. Bethmann et du travail de M. de Coussemaker :

« Tandis que je ramassais *laborieusement* ces miettes de fran-
« çais dans les chartes latines, le *hasard* me préparait une preuve
« bien autrement décisive. Une brochure intitulée : *Voyage his-*
« *torique dans le nord de la France*, me fit connaître le *fac-similé*
« d'un lambeau de parchemin. *Sur* ce fac-similé, *je lus sans*
« *peine* des mots et des phrases entières d'un français assez con-
« forme à celui du *Livre des Rois;* dans l'espoir d'en faire sor-
« tir *quelque chose de plus que du fac-similé*, je demandai com-
« munication du volume de Valenciennes ; et lorsque je l'eus sous
« les yeux, je pensai qu'il était possible d'en tirer un grand se-
« cours pour la philologie française. » (Pag. LII.)

Vous pensiez, monsieur? mais, puisque vous étiez en train, n'auriez-vous pas dû penser un peu à M. Bethmann, auquel on devait, depuis dix ans, la découverte du fragment; et surtout à M. de Coussemaker, qui, pour vous permettre de lire *sans peine*, avait, dès 1849, publié le premier fac-similé et expliqué les mots tracés sur ce fragment ? Voilà M. Génin pris une fois de plus sur le fait. Le *fac-similé* est publié accompagné de son interprétation : M. Génin, qui n'a pas à se préoccuper de la dépense, le fait exécuter une seconde fois pour se vanter de l'avoir lu *sans peine*, et d'avoir *pensé* qu'on en pouvait tirer un grand secours philologique. Nous ne dirons rien ici de la découverte de M. Jules Tardif; tout importante qu'elle soit, elle n'offre aucune espèce de rapport avec les *fouilles profondes* de M. Génin.

Au lieu de s'arrêter au onzième siècle, M. Génin soutient bravement que le fragment doit être du dixième, et probablement du neuvième; car dans cette partie de l'*Introduction*, tout, *Livre des Rois, Roncevaux* et *Sermon*, doit être du neuvième siècle. Mais vouloir reconnaître, dans ce brouillon de sermon farci, un modèle de style carlovingien, et conclure de là que, sans parler encore français, on cessait alors d'écrire et de parler latin, c'est une thèse que toute la subtilité du monde ne fera jamais admettre.

« Pourquoi, » se demande ensuite M. Génin, « les pères du con-
« cile de Tours ont-ils, en 813, ordonné la traduction des *Écri-
« tures* en langue vulgaire? Pour la cour, les riches, les lettrés?
« Non; mais pour le peuple qui vivait et pensait au-dessous d'eux,
« tout en bas. C'est par le peuple, par lui seul que notre langue
« s'est faite : c'est pourquoi le peuple en possède si bien le génie
« et en conserve si bien la tradition, sans y penser. » (Pag. LIX.)

Je ne veux pas me brouiller avec le peuple qui *pense tout en bas*, et qui conserve les bonnes traditions de langage, *sans y penser*; mais j'avoue que je garde aussi quelque reconnaissance aux riches et aux gens de cour, qui ont si souvent encouragé les esprits diserts et les bons écrivains. Joinville, Ville-Hardoin, Théroulde lui-même, s'il était comme le pense M. Génin, précepteur de son métier, tous les faiseurs de chansons et de poésies légères, tous les précurseurs de Montaigne, de madame de Sévigné, de La Fontaine et de Voltaire, ont bien fait aussi quelque chose (en y pensant, il est vrai) pour la langue française. D'ailleurs, le peuple de M. Génin, est-ce celui de la halle de Paris, est-ce celui du Havre, de Quimper, de Montbéliard, de Péronne ou de Liége? Tout cela fait du français sans y penser, mais non le même français. Lequel choisira-t-on? Disons plutôt qu'il ne suffit pas d'*être tout en bas* pour obtenir le prix du bon langage sur les riches et les courtisans. J'ai dans ma vie entendu bien des paysans, et ce qu'ils m'ont paru le mieux conserver, c'est la tradition des barbarismes et des sottes phrases, comme celle-ci, par exemple, que M. Génin voudrait, dans un autre endroit, réhabiliter : *Il a dit dit-i, là ! qui dit*, etc., etc.

Quant à l'orthographe barbare du manuscrit d'Oxford, à l'accentuation bizarre des mots, à la dureté des vers dans le poëme, je ne fais aucune difficulté d'en convenir; mais je ne voudrais pas, avec M. Génin, en tirer la conséquence, que dans toute la France on suivît le même accent, on respectât la même orthographe. Voyez en effet le danger de conséquences aussi rigoureuses : au lieu du texte d'Oxford, supposez que M. Michel nous eût révélé le texte de la bibliothèque de Venise, M. Génin ne s'en serait-il pas emparé comme il a fait de celui d'Oxford? n'aurait-il pas alors reconnu dans cette leçon le modèle du langage français au douzième, et même au onzième siècle? Et si l'on découvre plus tard une troisième copie du Roncevaux, on y reconnaîtra probablement un nouvel accent, une nouvelle orthographe. Rétablissons donc la vérité : le manuscrit d'Oxford fut copié par un Anglo-Normand fixé depuis longtemps en Angleterre ; le dialecte anglo-normand différait beaucoup, au douzième siècle, des dialectes picard, champenois, parisien ou tourangeau, et nous ne saurions croire qu'à peine établis en France, les affreux Normands aient été nos maîtres d'éloquence et de bon usage.

CHAPITRE IV. — *De la bataille d'Hastings et de Théroulde.* — Ici la *Chanson de Roncevaux* n'est plus contemporaine de Louis le Débonnaire, de Charles le Chauve et de Charles le Simple ; elle va perdre deux ou trois siècles d'ancienneté, et nous être présentée comme l'ouvrage du précepteur de Guillaume le Conquérant, duc de Normandie de 1022 à 1087.

D'abord M. Génin nous parlera de *Taillefer*, « qui si bien chantoit ; » il citera le fameux passage du Roman de Rou. Il y joindra un extrait de la Chronique de Geoffroi Gaimar, déjà publié par M. Francisque Michel et par M. Augustin Thierry. Comme si l'histoire de la conquête de l'Angleterre n'était entre les mains de personne, M. Génin se croira le droit de dire avant d'y prendre cette page : « C'est un détail peu connu... J'ai cru « devoir *exhumer* ces glorieux témoignages, en l'honneur d'une « mémoire *depuis si longtemps perdue* (celle de Taillefer), comme « celle de tant de héros ensevelis dans un oubli séculaire, *ca-« rent quia vate sacro* » (p. LXVIII). Voilà, on en conviendra, un beau compliment adressé à M. Augustin Thierry. En tous cas, M. Génin n'aura pas dû « fouiller profondément » pour une exhumation de cette nature.

Il y a, dans le pays de Galles, un endroit nommé le Marais de Rhuddlan ; et la tradition rapportée par M. Augustin Thierry (*Hist. de la Conquête*, liv. IV, année 1070) fait de ce lieu le théâtre d'une grande bataille autrefois perdue contre les Saxons. Mais pour M. Génin ce marais devient les Pyrénées, et *Rhuddlan* se transforme en Roland. « Un souvenir de cette journée fu- « neste se conservait encore dans le pays, il y a quelques an- « nées, » avait dit M. Thierry : « c'était un air triste, *sans paroles*, « qu'on appelait *l'air des marais de Rhuddlan*. » M. Génin arrange cela comme on va voir : « Les soldats de Guillaume trouvèrent « dans le pays de Galles un lieu appelé *Roland*... Et si l'on vou-

« lait nier que ce fussent là des souvenirs de notre Roland, il fau-
« drait admettre des coïncidences et des hasards bien plus ex-
« traordinaires. Un Roland dans le pays de Galles ; » (Non, mais
un Rhuddlan, nom de lieu fort commun en Angleterre, répon-
dant au sens de *terre rouge*) « une grande bataille perdue contre
« les Saxons au huitième siècle » (Que vous l'admettiez ou non,
la bataille a été gagnée par les Saxons), « et cet air *de Roland* »
(lisez : cet air, sans paroles, *des marais de Rhuddlan*), « dont
« les paroles avaient *disparu* au XVIII° siècle, mais que la
« tradition appliquait à tous les sujets mélancoliques, ne serait-
« ce pas la mélopée sur laquelle Taillefer avait chanté les *vers
« de Théroulde?* » (P. LXIX.) J'y consens; mais cet air sans paroles pourrait être tout aussi bien *Lilli-burello* que sifflait avec
tant de plaisir mon oncle Tobie. Avec le *texte critique* de M. Génin, il devient aisé de le reconnaître.

Puisque nous avons exprimé nos doutes sur l'importance de
la mention de Turoldus, nous ne suivrons pas M. Génin dans
un dénombrement de tous les *Turoldus* qu'on trouve dans les
tables de Rymer, et dont il fait autant de *Théroulde*. Nous
aimons mieux rappeler ce qu'il veut bien nous dire avant d'en-
treprendre ce fastidieux relevé : « Chercher à démêler un
« Théroulde dans la foule de ses homonymes, c'est comme
« si on voulait retrouver la trace d'un individu et constater
« son identité avec ce seul renseignement qu'il s'appelait Du-
« bois ou Duval » (p. LXXI). Cela n'est pas fort bien écrit,
mais cela est bien pensé, et nous nous en tenons là. Seulement, nous n'espérions pas trouver parmi tous les candidats à
l'honneur d'avoir composé le Roncevaux, un moine de Fécamp,
qui pourrait bien s'être appelé Théroulde, attendu que l'histoire ne lui donne ni ce nom-là, ni tout autre nom. « Nulle
« part, dit naïvement M. Génin, je n'ai pu découvrir le nom de
« ce moine. S'appelait-il *Théroulde?* Est-ce lui qui fut nommé
« après Hastings à l'abbaye de Malmesbury? Cette nomination
« était-elle le prix de ses services ou de ses vers patriotiques? Je
« ne décide rien » (p. LXXV). Ah! monsieur!

Vos scrupules font voir trop de délicatesse.

Je ne décide rien me paraît admirable.

CHAPITRE V. — *Réfutation de M. Fauriel.* — Ce chapitre,

déjà publié dans le *National* de 1847, est en grande partie dirigé contre feu M. Fauriel, qui mettait sur le compte de copistes ignorants les répétitions que l'on rencontre dans la plupart des chansons de geste, surtout dans les plus anciennes, comme Gérard de Roussillon, Garin le Loherain, Renaud de Montauban et Roncevaux. La conjecture de M. Fauriel était susceptible de controverse, et cet esprit distingué l'avait présentée avec une réserve dont il fallait lui savoir gré. On conviendra d'ailleurs que, sous le point de vue d'une composition régulière, il est impossible d'approuver et de justifier le plus grand nombre de ces répétitions. Elles sont doubles, triples, parfois décuples, et les détails sont fréquemment en contradiction l'un avec l'autre. Mais on ne doit pas oublier non plus que les chansons de geste étaient répandues dans toutes les provinces de France, et qu'on ne les y chantait pas avec le même accent ni dans le même dialecte. Ces premières transpositions donnèrent naissance à des changements plus graves. Les jongleurs, quand ils se piquaient d'invention, ajoutaient à l'original qu'ils avaient appris des circonstances nouvelles. Leurs additions paraissaient-elles bien trouvées, les copistes leur donnaient place dans l'ancien poëme. Ceux qui les chantaient trouvaient de nombreux avantages à ces répétitions. Quand leur auditoire ne semblait pas assez nombreux, assez attentif, ils pouvaient ainsi gagner du temps et attendre un moment plus favorable pour aborder les beaux morceaux et commencer leur quête. Dans l'étude de ces compositions singulières, il ne faut jamais séparer les auteurs des acteurs, le trouvère qui composait du jongleur qui représentait.

On voit dans le Roncevaux plusieurs exemples de ces couplets intercalés. Quand Roland entend Ganelon le désigner pour conduire l'arrière-garde, il en témoigne une joie naturelle ; c'était pour lui l'occasion de nouveaux exploits :

> Li quens Rollans quant il s'oï juger,
> Dunc a parlé à lei de chevaler :
> « Sire parastre, mult vos dei aver cher,
> L'arrere-garde avez sur mei jugiet ;
> N'i perdrat Karles, li reis qui Franco tient, » etc. (Ch. II, v. 91.)

Mais tout aussitôt, dans le couplet suivant, voilà que Roland se montre indigné contre son beau-père :

> Quant ot Rolans qu'il est en rere-guarde,

Ireement parlat à sun parastra :
« Ahi, culvert! malvais hom! de pute aire! » etc.

Évidemment, un seul des deux couplets appartient à la rédaction originale.

Mais une fois M. Fauriel aux dents de M. Génin, il ne sera pas lâché pour si peu ; écoutons bien ; c'est de la Bible, ou du moins du *National* :

« Je suis fâché de le dire, mais M. Fauriel décide trop souvent
« des choses qu'à peine il a entrevues. Par exemple : *Adam le*
« *Roi a composé un roman sur les premiers exploits d'Ogier le Da-*
« *nois, qu'il a intitulé les Enfances d'Ogier.* Évidemment, M. Fau-
« riel n'a pas lu ce poëme. Il saurait qu'il n'y est pas question des
« premiers exploits d'Ogier, non plus que dans les *Enfances Vi-*
« *vien* des premiers exploits de Vivien, mais de la vie entière de ces
« héros. Ce mot *Enfances*, qui a égaré M. Fauriel (*et bien d'autres*
« *érudits*), signifie les traditions, la légende. Il vient d'*in* et de
« *fari*. De même les *Enfances Jésu*, c'est la vie de Jésus, l'en-
« semble des traditions, le récit complet des évangiles. »

Pour rétablir la vérité, il suffit de reprendre les paroles de M. Génin :

« Je suis fâché d'être obligé de le dire, mais M. Génin décide
« trop souvent des choses qu'*il n'a pas même entrevues*. Par
« exemple, il nous dit que, dans les *Enfances Ogier* d'Adam le
« Roi, il n'y est pas question des premiers exploits d'Ogier. Évi-
« demment, M. Génin n'a pas lu le poëme. Il saurait qu'il n'y
« est pas question d'autre chose, et que le poëte s'y arrête avant
« la lutte d'Ogier contre Charlemagne. De même, dans les *En-*
« *fances Vivien*, il s'agit des *premières années* du héros, de ses
« premières années passées chez les Sarrasins, non de la bataille
« d'Aleschamps et de sa glorieuse mort. Ce mot *Enfances*, qui n'a
« pu jamais égarer que M. Génin, est la traduction du mot *Infan-*
« *tia*. Jamais il ne s'est pris pour actions, gestes, narration géné-
« rale. *Enfances Jésu* et l'*Évangile de l'Enfance* sont les récits
« de la première jeunesse du Sauveur. »

Nous pourrions nous arrêter là ; mais M. Génin alléguant des exemples qui, s'ils étaient séparés de toute autre étude, sembleraient embarrassants, nous lui représenterons que, 1° dans le *Graal*, l'auteur dit qu'on racontera les *enfances*, puis les autres actions de Jésus-Christ; 2° dans la *Vie de saint Edmund*, le poëte annonce qu'il va raconter l'*enfance*, puis les autres actions du personnage; 3° dans Baudouin de Sebourg, il faut entendre ce vers :

> Sire, che dist Gaufer, car faisons bone *enfance*,

« faisons bon acte de bachelier. » L'expression n'est pas juste, je l'avoue; mais c'est la rime qui l'amène; et elle serait encore moins exacte s'il fallait adopter le sens de *tradition*, *légende*, comme le voudrait M. Génin; 4° enfin, le *Mabinogion* peut en effet se traduire par *Contes* ou *Histoires d'enfants*; mais cela ne prouve aucunement que le sens d'*enfance* ait été jamais confondu avec celui d'*histoire*.

Qui, maintenant, a tort, de M. Fauriel ou de M. Génin? Supposez quelqu'un venant dire : « Le dernier commentateur de Racine, M. Géruzez, prétend que ce grand poëte a fait *les Frères ennemis*. Évidemment, M. Géruzez n'a pas lu cette tragédie dont il parle; elle se nomme : *les Frères amis.* » Que penseriez-vous de cet homme? Ce que nous devons penser de M. Génin.

Laissons l'*enfance* et passons à la *vielle*. M. Génin a vu, au commencement de la *Chanson des Saxons*, que le poëte s'y moquait des jongleurs dont les manteaux montraient la corde, comme on dirait aujourd'hui, et qui tiraient de mauvais sons de leurs gros instruments de musique :

> Cil bastart jugleor qui vont par ces villax,
> A ces grosses vieles, as despennez forriax.
> Chantent de Guiteclin.....

Il a conclu que c'étaient les vielles, non les jongleurs, qui avaient des fourreaux dépannés, et, tout de suite, nouvelle querelle à M. Fauriel : « Il croit (je ne sais sur quel fondement) que c'é- « tait une sorte de violon... Je pense que c'était la vielle. » (Pag. XCVII.) M. Génin pense mal. La vielle de notre temps ne fut inventée qu'au profit des jongleurs ignorants et des ménétriers aveugles; et quand même le passage de la *Chanson des Saxons* pourrait s'appliquer à cet instrument, on y trouverait encore la distinction de la véritable vielle et de la *grosse vielle* rustique. Mais puisque M. Génin ignore le fondement de l'opinion de M. Fauriel, il me permettra de le renvoyer à Du Cange, au mot *Viella*; on y cite, entre autres auteurs, Colin Muset :

> Je m'en alai el praelet,
> O la vielle et l'archet.

Et l'on peut ajouter ce passage des *Enfances Ogier* :

> Il vielerent tous doi d'une chanson
> Dont les vieles estoient targe ou blason ;
> Et brans d'acier estoient li arçon.

« Ils vièllèrent avec des vielles dont la table était de fer ou de « cuivre, dont l'archet était de glaives d'acier. » Dans deux autres chansons, celles de Garin de Monglane et de Beuve de Hanstonne, nos manuscrits offrent deux miniatures de vielleurs, et l'instrument dont ils jouent est exactement le violon d'aujourd'hui. Voilà, je l'espère, M. Génin suffisamment édifié sur les sources auxquelles Du Cange, M. Fauriel et tous les philologues avaient puisé. Qu'il me permette encore de le renvoyer à un petit travail curieux de feu Bottée de Toulmont, publié dans l'*Annuaire de la Société de l'histoire de France*, année 1839, sous le titre : *Instruments de musique en usage dans le moyen âge* (pages 186 à 200).

CHAPITRE VI. — *Remaniements du Roland*. — De M. Fauriel nous passons aux trouvères qui avaient eu l'insolence, au treizième siècle, de retoucher à l'ancien texte de la *Chanson de Roncevaux*. Il était pourtant aisé de les justifier. Sans doute on doit regarder aujourd'hui les textes d'Oxford et de Venise comme les plus anciens et les plus précieux; il n'en est pas moins certain que les progrès de la langue et du sentiment littéraire sont heureusement marqués dans les remaniements postérieurs. La grande époque de Philippe-Auguste et de saint Louis ne mérite aucunement les reproches inconsidérés que lui adresse M. Génin, et pour en parler avec cette hauteur, il eût fallu mieux en étudier les productions. Jean Bodel et Adam de la Halle; Quenes de Béthune et le roi de Navarre, Guillaume de Lorris, Jean de Meung et les mille conteurs de fabliaux témoignent assez du goût et de l'esprit poétique de ce temps-là. Si les trouvères ont alors touché aux anciennes chansons de geste, ils l'ont fait d'une main habile et discrète; ils en ont écarté les exagérations barbares, les lieux communs ridicules, les contradictions palpables; ils les ont fortifiées de compléments heureux, de détails poétiques qui retiennent l'esprit de l'auditeur sur les points le mieux faits pour l'intéresser. Ainsi, le texte d'Oxford passe trop rapidement sur le touchant épisode de la belle Aude, et sur la première vengeance de la mort des douze pairs ; en revanche, il alourdit son récit par l'intervention et la défaite de Baligant, sultan de Babylone. Mais les réviseurs ont ajouté aux premiers épisodes, ils ont supprimé le dernier, et c'est une preuve de goût dont il fallait leur savoir gré. Les beaux vers et les bons couplets empruntés à d'autres textes que celui d'Oxford et conservés par les réviseurs, sont d'ailleurs en trop grand nombre pour être cités ici.

Quelle était la mission des jongleurs du treizième siècle ? Conserver la mémoire des anciennes gestes, et les faire accepter de leurs contemporains, devenus plus délicats en fait de langage et de versification. Comme aujourd'hui nos acteurs, s'ils avaient à remettre à la scène la Farce de Pathelin, chargeraient un littérateur de revoir cette ancienne pièce, d'en adoucir les aspérités, d'en redresser les rimes et d'en faire disparaître les phrases surannées, les jongleurs du treizième siècle prièrent les trouvères de revoir les vieilles chansons, telles que *Roncevaux*, *Guillaume d'Orange*, *Ogier le Danois*, *Antioche*, etc., pour les mettre en état d'être encore chantées en public. Il n'y a là ni « goût immodéré de « l'expansion, » ni « amplifications à la manière des rhétoriciens « de collége. » Comparez aux rares couplets conservés de la *Chanson d'Antioche* primitive les couplets refaits par Graindor, vous avouerez que Graindor a rendu le plus grand service à ce beau monument historique, en le mettant à la portée des lecteurs de son temps. Ces lecteurs préféraient les rimes justes pour les yeux comme pour les oreilles aux brutales assonances des poëtes plus anciens ; ce n'était pas la faute de Graindor ou de Jean Bodel. Il fallait, ou se conformer au goût du temps, ou laisser oublier tous les premiers monuments de la grande poésie nationale.

Ce point suffisamment établi, voyons les autres assertions de M. Génin.

Il dit que notre manuscrit de Paris et celui de Lyon commencent, par un singulier hasard, au même endroit, c'est-à-dire au moment où Olivier reproche à Roland de n'avoir pas voulu sonner du cor. (P. CVIII.) C'est une erreur. Le manuscrit de Paris commence au moment où l'armée s'ébranle pour retourner en France :

Quant Karlemanne a son ost davisée,
Vers douce France a sa voie tournée.

et celui de Lyon, avec le couplet qui précède les reproches d'O-
livier :

> Et les compaignes de Sarrazins sont granz
> De la grant traïson que i fist Agolans.

Il n'y a donc rien de singulier dans le hasard d'une conformité chimérique.

M. Génin assure que le *Roland rajeuni* ne dit pas que l'oriflamme fût dans le principe consacrée à saint Pierre et qu'elle eût changé son nom de *Romaine* en celui de *Montjoie* à Roncevaux (p. CXIII). On ne trouve pas non plus cela dans la leçon d'Oxford, mais que l'oriflamme ou étendard de Saint-Pierre s'appelait autrefois *Romaine*, et que les Français, en l'adoptant, avaient changé le premier nom en celui de *Montjoie* :

> Gefreid d'Anjou portet l'orieflambe,
> Saint Piere fut, si aveit num Romaine,
> Mais de Munjoie iloec out pris eschange.

Traduction de M. Génin :

> Geoffroy d'Anjou *leur* porte l'oriflamme,
> C'étoit *du temps passé* l'estendart de saint Pierre ;
> *Qui pour lors* avoit nom Romaine.
> Mais *illec* le changea pour celui de Monjoie.

Il est inutile de faire remarquer que *illec* n'appartient pas à la langue du seizième siècle plus qu'à la nôtre, que *pour lors* et *du temps passé* sont des chevilles, et qu'il ne fallait pas ajouter une autre cheville à l'ancien vers, comme a fait M. Génin, pour le seul plaisir de rompre la mesure :

> Gefreid d'Anjou *lor* portet l'orieflambe.

Mais puisque j'ai touché ce mot *oriflamme*, je le poursuivrai au travers des notes de M. Génin. Dans les anciens manuscrits, le *t* de *Montjoie* disparaît souvent comme dans la prononciation. Il en est de même de *Monglane, Monmorency, Monferrant*, etc., etc. M. Génin ne va-t-il pas en conclure que *Monjoie* doit répondre à *ma joie*, et *Montjoie* à *montagne* ? que, pour le premier sens, *ma joie* devait être la même chose que *mon joyau*, et *mon joyau* le synonyme de *Joyeuse*, épée de Charlemagne ?

Ainsi les Français, voulant que leur oriflamme portât le nom de l'épée de l'empereur, auraient crié *Mon joie*, voulant dire *ma Joyeuse!*

Si cela n'est pas vrai, au moins est-ce fort mal trouvé; car enfin, vous dites que l'épée s'est indifféremment appelée *Mon joie* et *Joyeuse*. C'est une première erreur : aucun texte ne vous justifie, l'épée *Joyeuse* ne s'est jamais appelée autrement que *Joyeuse*. Que ce nom lui soit ou non venu des pierreries dont elle était couverte, ce n'est pas une raison pour le confondre avec le cri bien constaté de l'ancienne France : *Montjoie Saint-Denis!* ou (comme on le trouve dans la chanson des *Loherains*) *Montjoie, l'enseigne Saint-Denis!*

Ce cri date peut-être de la fondation de l'abbaye, peut-être de l'élévation de Charlemagne à l'empire. Il y avait à Rome, en effet, un monticule révéré d'où l'on découvrait le tombeau des apôtres; c'est là que le pape accordait toutes les investitures : « Qui, « tactis sacrosanctis Evangeliis,... investiturarum depositionem « susciperent, in eo qui dicitur *Mons gaudii* loco, ubi primum « adventantibus limina apostolorum beatorum visa occurrunt. » (Sugerius, *de Vita Ludovici Grossi*.)

Ce *Montjoie* de Rome aura pu donner l'idée du *Montjoie Saint-Denis*, forteresse de l'abbaye, où l'abbé recevait les hommages de tous ses vassaux, et duquel était capitaine, en 1357, pour le roi de France, Jean Pastourel ou Pastoret. (Cab. des Titr. de la Biblioth. nation.) C'est de cette forteresse que venait le cri de *Montjoie*, de même que tous les anciens cris de guerre venaient de la principale forteresse du chevalier banneret. Il faut donc continuer à l'écrire comme si M. Génin avait eu la bonne pensée de n'en pas dire un seul mot.

Mais il est tombé dans une erreur plus plaisante, à propos d'un nom de peuple, les *Canelius*, qui revient assez souvent dans les poésies du moyen âge. Ainsi, dans le *Jeu de Saint-Nicolas* :

> De la terre le prestre Jehan
> Ne remaigne jusques al *Coinc*,
> D'Alexandre, de Babiloine,
> Li *Kenelieu*, li Achopart,
> Tout vegnent garni celle part,
> Et toute l'autre gent grifaine.

M. Michel, qui, dans son *Glossaire*, avait donné cette citation, n'ose dire quels étaient ces peuples. Je serai plus hardi que lui, et je verrais volontiers les habitants d'Acre (*Acon*), dans les *Achopars* ou *Acopars*; ceux de *Coine* ou *Iconium*, dans les *Canelius*. Du Cange a cependant une autre opinion : « Les *Canoglans*, dit-il avec de bonnes autorités, étaient les jeunes enfants des princes de la famille impériale de Perse. » On peut choisir entre les deux explications. Écoutons maintenant celle de M. Génin : avant d'avoir consulté le Glossaire de M. Michel, il décide que *Canelius* est dit pour *caneliers*; *caneliers* pour *chandeliers*, et *chandeliers* pour *luminiers* ou *porte-chandelles*. Ainsi le premier corps d'élite de l'armée sarrasine est tout à coup transformé en *porte-chandelles* :

> Grans dis escheles establissent près :
> La premiere est des *Canelius*, li lais,
> L'altre est des Turs, etc.
>
> (Chant IV, v. 842.)

Ce mot *lais* présente quelque incertitude : il exprime soit la laideur de ces peuples, soit le nom d'une seconde nation. Mais pour M. Génin, ce sont des guerriers laïcs :

> On establit ensuite dis cohortes,
> La premiere est des luminiers (laïcs s'entend).

N'admirez-vous pas combien Theroulde est ingénieux? On pouvait lui faire une objection : « Quoi, monsieur ! des *chandeliers*! — Ah! » répond-il, « j'entends des *chandeliers laïcs*; laïcs s'en-« tend. » — Comprenez-vous ces réviseurs malotrus qui n'ont rien dit de ces caneliers laïcs?

Les réviseurs ne disent pas non plus que parmi les guerriers de Boteroz figurât Judas Iscariote, mais seulement que Boteroz était la patrie du traître Judas :

> La premiere est de ceus de Boteroz
> Dont *fu* Judas, qui fel estoit et roz,
> Qui Deu vendit....

Cela est fort différent. — En parlant de l'*heure de complies*, ils n'ont aucunement voulu dire que les païens eussent coutume d'entendre la messe et les vêpres. Ces mots, au moyen âge, indiquaient le déclin de la journée, et, pour ne l'avoir pas su, M. Génin a rendu plaisamment le vers :

> Bels fu li vespres e li solez fu clers,

c'est-à-dire, *l'après-midi fut belle et le soleil sans nuages*, par :

> Le *soir* fut beau, le soleil luisoit cler.

C'était mieux qu'une éclipse de lune.

CHAPITRE VII. *Imitation de Roland.* — Il y a peu d'injures et de paradoxes dans ce chapitre. M. Génin s'y contente d'exploiter les matériaux rassemblés par M. Francisque Michel. Il y revient, il est vrai, sur « le petit nombre d'ouvrages de l'ancienne littéra- « ture exhumés *au gré du hasard* plutôt qu'au choix du goût. » Mais nous ne devons pas relever cette impertinence, quand celui qui l'exprime s'est contenté de faire la troisième édition d'un de ces ouvrages. Nous conviendrons même avec lui qu'on a, jusqu'à présent, exhumé peu de livres écrits au onzième siècle; l'excuse en est facile : en ce temps-là on ne faisait guère de livres en langue vulgaire; du moins a-t-on publié ceux que l'on a découverts. Tout ce que les critiques ont pu faire, c'est de conjecturer que quelques rares fragments, comme l'*Hymne de sainte Eulalie* et la version provençale de *Boèce*, appartenaient à cette époque reculée. Pour le manuscrit d'Oxford, il est *au plus tôt* du douzième siècle, et M. Francisque Michel l'avait suffisamment prouvé.

M. Génin ne connaissait de la chanson d'*Aspremont* que les fragments publiés par M. Immanuel Bekker, en tête du *Fierabras*. Roquefort, au contraire, avait lu tout le poëme dans les manuscrits, et il en avait avec raison placé la scène en Italie; car les défilés d'Aspremont forment une partie des Apennins. La topographie est là parfaitement claire, depuis Rome, point de départ des Français, jusqu'à Rizze, ancien nom de la ville de Reggio.

M. Génin, qui n'y regarde pas de si près, vous transporte bravement Aspremont dans les Pyrénées : « Les deux armées « sont campées des deux côtés du redoutable Aspremont : *ce sont* « *les Pyrénées*, et M. de Roquefort s'est trompé en disant qu'As- « premont était les Alpes ou les Apennins. » (P. CXXVII.) Ici le bonhomme Roquefort s'est trompé, comme M. Fauriel en prétendant qu'*enfances* signifiait *enfances*, et *vielle* un violon; comme M. Michel quand il a pris *Canelièrs* pour un nom de peuple, et quand des *cheveux blois* n'ont pas été pour lui des cheveux d'un *noir de jais*.

Savez-vous quelle est l'origine de l'octave italienne? Ce n'est plus la chanson telle que l'ont faite les Provençaux, telle que l'ont perfectionnée les trouvères, malgré l'analogie de la double octave française et italienne : c'est le *vers* de la chanson de geste, ou plutôt de la seule Chanson de Roncevaux. En vain dira-t-on que ce qui distingue l'octave, c'est le nombre régulier des lignes, l'entrelacement de deux rimes pour les six premiers vers et la chute des deux derniers sur une troisième rime ; en vain ne trouverez-vous pas la moindre trace de ces règles dans le couplet de la chanson de geste ; M. Génin n'en soutiendra pas moins une opinion qu'il n'a cette fois, j'en conviens, dérobée à personne.

Les chansons de geste, étudiées en général, offrent entre elles des rapports de pensée, de mouvement et d'expressions, dont il ne faut pas non plus attribuer tout le mérite à une seule d'entre elles. Faites pour une société dont elles expriment les mœurs, elles doivent reproduire le plus souvent des effets analogues. Dans ces effets communs on doit compter l'usage, au commencement des combats, de demander l'honneur de la première course équestre, *le premier coup*. — Quand on avait pour adversaire des mécréants, un homme d'église faisait une exhortation aux soldats. — Les guerriers de renom ne croyaient pas mourir avec honneur, s'ils ne vendaient chèrement leur vie, et s'ils n'espéraient pas une prochaine vengeance. Ces détails se retrouvent dans toutes les chansons de geste comme dans Roncevaux, comme dans le continuateur de Villehardouin et dans vingt autres ouvrages

Chapitre VIII. — M. Génin termine son *Introduction* par des observations sur la versification de la Chanson de Roncevaux, par l'exposition de nouvelles règles de lecture ; enfin par la justification de son système de traduction.

« Le peuple », dit-il d'abord, « fait sans scrupule rimer *arbre*
« et *cadavre* » (p. CXLVIII). Cet exemple est mal choisi. Le peuple, aujourd'hui plus mauvais juge qu'au treizième siècle, prononcerait *abre* et *cadavre* ; mais ce dernier mot, d'origine assez moderne, est inusité chez lui.

« Nos poëtes d'académie, n'écrivant que pour être lus, font
« rimer *cher* et *chercher*, l'*hiver* et *trouver*, les *exploits* et les
« *Français*. Ils appellent cela des rimes ! Le onzième siècle n'en
« eût pas voulu » (*ibid.*). On peut répondre qu'il n'est pas besoin d'être de l'Académie pour vouloir être lu ; M. Génin, j'imagine,

n'écrit pas pour autre chose. Et puis, il n'est pas démontré que le onzième siècle n'eût pas voulu des rimes alléguées. Elles valent bien en vérité des assonances telles que *chens*, *mver*, *fier*, *Michel* et *Crestien* (nᵒˢ 30 à 40 du 1ᵉʳ chant de *Roncevaux*). Il ne faut pas trop exagérer la délicatesse du onzième siècle.

M. Génin dit encore, dans la même page, que l'*alexandrin* n'a été employé qu'à la seconde époque, au commencement du treizième siècle. Mais l'*Alexandre* de Lambert le Court est du douzième, et Wace, qui emploie également l'*alexandrin*, a daté son poëme de Rou de l'année 1160. Il dit que les poëmes authentiques du douzième siècle sont en vers de dix syllabes comme *Guillaume d'Orange* et la *Chanson d'Antioche*. Mais il y a des branches du *Guillaume* en vers alexandrins, et la *Chanson d'Antioche*, un de ces « ouvrages exhumés au gré du hasard, » est dans cette coupe de versification.

Passons aux *Observations sur la lecture du texte*. M. Génin a raison de déclarer que personne avant lui ne s'était avisé de réduire à des règles précises et certaines la prononciation du onzième siècle. « Tout le monde, dit-il, décide hardiment : *C'est « une versification rude, inculte et barbare, telle qu'on devait « l'attendre de l'enfance de l'art*. Jugement rempli d'ignorance et « de fatuité » (p. CXLIX). J'admets qu'ici M. Génin puisse donner des leçons à l'univers, sa démonstration ne prouvera que mieux la vérité du jugement contraire. N'écrit-il pas lui-même, au bas de cette même page : « Aujourd'hui, que les codes de « notre langue *et de notre langage*, grammaire, dictionnaire, etc., « sont multipliés à satiété, c'est à peine si l'on parvient à l'unité « d'orthographe et de prononciation. Qu'était-ce dans un temps où « il n'existait encore ni dictionnaire, ni grammaire ? Le latin était « un principe dont *chacun* tirait les conséquences et faisait les « applications *à sa guise*. Le scribe gouvernait son orthographe, « tantôt sur l'étymologie, tantôt sur la prononciation, qui variait « de province à province. »

Les juges ignorants et les fats disaient-ils donc autre chose ? Ils n'allaient même pas aussi loin ; ils s'en tenaient aux différences de prononciation et d'orthographe ; et cela leur suffisait pour conclure qu'on ne pouvait plus aujourd'hui tracer de règles fixes pour une accentuation aussi mobile, aussi diverse, aussi mal représentée par les scribes. Il est vrai que d'abord M. Génin veut borner les règles qu'il formule à la lecture de Théroulde ;

mais bientôt il sort de cette réserve et prononce hautement sur la façon dont il faudra lire tous les textes de ces premiers temps.

Première règle : « La consonne finale ne sonne jamais que sur « une voyelle initiale du mot suivant » (p. CL). Quoi! *n, l, r*, etc., ne sont-elles pas consonnes? Comment les rejetez-vous sur le mot suivant dans cet exemple : « Li cors s'estent, e l'arme s'en parti? »

Deuxième règle : « Les consonnes euphoniques arment la fin « des mots pour préserver la finale de l'élision ou pour prévenir « l'hiatus. Les copistes étaient fort inexacts à les noter; tantôt « les mettant où il ne faut point, tantôt les omettant où elles sont « indispensables. Il ne faut donc pas s'en rapporter au témoi-« gnage des yeux, c'est à l'oreille à guider la langue (*ibid.*). »

Voilà des armes qui restaient bien souvent dans le fourreau; mais cela redouble notre embarras. Ou l'on ne doit pas tenir compte du texte du Roncevaux, ou l'on ne peut établir de règles fixes avec un aussi détestable guide. « L'oreille, dites-vous, re-« dressera le jugement des yeux? » Mais qui me garantira la justesse de vos oreilles, et qui me prouvera leur droit de décliner la compétence d'un vieux et unique copiste?

M. Génin tantôt corrige et tantôt respecte les endroits où le copiste lui paraît mal représenter la prononciation. Il a vu dans un vers *guastede* et *crusiede*, pour *gastée* et *crusiée*; il en conclut que, dans tous les vers où la voyelle *é* est redoublée pour exprimer la flexion féminine, il faudra prononcer *ede*. Mais cette forme du participe *ede*, particulière au provençal et au dialecte anglo-français, s'appliquait à un nombre de cas fort restreint. Et si, non content de recommander au lecteur cette correction, vous osez la faire vous-même et introduire une foule de lettres de contrebande dans le corps du mot, vos libertés m'ôtent toute espèce de confiance; et par cela seul qu'après vous être fait des règles de prononciation peu solides, vous mutilez le texte au gré de cette théorie, je jette votre livre, et je retourne au modèle dont vous auriez bien fait de ne pas vous écarter, pour suivre le tintement de vos oreilles.

Troisième règle : « Quand vous rencontrez j'*ois*, tu *ois*, il *oit*, « nous *ouons*, vous *oez*, ils *oent*, ne craignez pas de faire repa-« raître le *d* étymologique : nous *odons*, vous *odez*, ils *odent*. »

Gardons-nous, au contraire, de ces corrections. Le verbe *oïr* n'était guère usité qu'à la seconde et à la troisième personne. On disait *oez* ou *oiez*, il *oï*, ils *oïrent*. La Chanson de Roncevaux, acceptant une fois la première personne plurielle, a écrit *odum*: ce n'est pas une raison pour substituer « *odir; odez, seigneurs, et il odi.* » Autant vaudrait prétendre que l'affirmation oui, oïl, devrait s'écrire *odi*. Heureusement, à deux pages de là (p. CLV), M. Génin nous recommande de prononcer *oez, oyez*; car, il faut en convenir, M. Génin fait un grand usage de la lance d'Achille, et souvent il ne blesse que pour se donner le plaisir de guérir.

Deux choses dominent donc dans ce traité de la prononciation au onzième siècle, la puérilité des moyens et la nullité des résultats. Ainsi l'on aura dû écrire *deable* avant *diable*, parce que l'*i* de *diabolus* est bref. — Le nom propre *Fayet* ou *Fayette* viendra de *fata*, non de *fagus*. — Il faudra écrire *nés*, neveu, au lieu de *niés* qui pourtant a fait *nièce*. — Dans ce vers :

Ja est-ço Rollans ki vos soelt tant amer
(Ch. III, v. 564.)

on supprimera le premier *a*, à moins qu'on n'aime mieux faire tomber l'élision sur l'*e* suivant (p. CLX); à moins, dirai-je à mon tour, qu'on ne préfère élider le premier *o* : *Jà est c'Rollans.* — Le peuple respecterait l'euphonie en prononçant *oust-ce que*, au lieu de *où est-ce que* des gens bien élevés (*ibid.*). — Mais les gens bien élevés ne disent pas, *Où est-ce que vous allez?* mais, *Où allez-vous?* ce qui peut être aussi bien que l'*ousque vous allez* euphonique du peuple.

M. Génin affirme que, dans la poésie primitive, on admettait les mêmes élisions que dans la langue parlée de nos jours, et, à ce méchant propos, il rapproche de la Chanson de Roland un couplet de M. Scribe. Le texte d'Oxford, et généralement toutes les transcriptions faites en Angleterre ou en Italie, sont pourtant autant d'exceptions à la règle contraire. La poésie française, destinée à parcourir chacune de nos provinces, s'est toujours gardée d'une liberté qui aurait fort embarrassé les jongleurs, et qui les aurait exposés à soumettre les œuvres originales au compas de leur accentuation personnelle. Toutes les fois qu'un poëme abonde en vers mal mesurés et dans lesquels il faut admettre des élisions que l'orthographe n'a pas indiquées, on peut assurer que le poëme a été écrit par un scribe étranger. La leçon d'Oxford ne présente donc pas la forme originale de la versification française, mais l'exécrable prononciation anglaise dont on se moquait en France au douzième siècle, comme on le fait encore au dix-neuvième. Qu'on me permette un seul des nombreux exemples que j'en pourrais citer ; je le prends dans le *Jongleur d'Ely*, fabliau du treizième siècle rapporté d'Angleterre par M. Francisque Michel :

> Si vent de sa Loundres en un prée,
> Encountra le rey et sa meisnée ;
> Entour son col porta soun tabour
> Depeint de or e riche atour.
> Le rei demaund par amour :
> « On qy este-vus, sire joglour ? »
> E il respount sauntz pour :
> « Sire je su on mon seignour, » etc.

Est-ce là de la bonne versification française ? Oui, dira M. Génin, car cela ressemble à Théroulde. Mais, de notre côté, nous répondrons que le Théroulde pourrait bien être du treizième siècle, car il ressemble singulièrement au *Jongleur d'Ely*.

Je crois avoir déjà dit que M. François Génin avait choisi, pour traduire un poëme écrit en vers réguliers de dix syllabes assonantes, un système particulier de vers blancs. Ses vers ne sont pas toujours faciles à reconnaître ; mais il est au moins certain que sa traduction, annoncée comme faite dans la langue du seizième siècle, n'appartient au français d'aucune époque. C'est un mélange baroque de mots malsonnants et d'inversions bizarres, qui porte nécessairement sur les nerfs les plus robustes. Quelle singulière fantaisie, en effet ! Choisir l'époque la plus gourmée de notre littérature pour l'appliquer à la traduction d'un poëme des temps primitifs ! Et comme si cela ne suffisait pas, disposer ces mots surannés en prose cadencée, en vers blancs ! les vers blancs dont nous avons horreur en France, notre prosodie n'étant pas assez compliquée pour se passer de la difficulté de l'assonance ou de la rime. M. Génin ne s'est pas contenté de supprimer la rime ; il a fait un pêle-mêle de toutes les mesures, et préparé pour notre oreille et nos yeux le plus abominable mélange de tons et de couleurs dont peintre d'enseigne ait jamais eu la coupable pensée. Mon Dieu, quels tristes efforts pour singer l'originalité ! Il atteste, pour s'appuyer d'un ancien exemple, la version du *Livre des Rois* ; mais il est démenti par l'édition de M. Le Roux de Lincy, que nous avons tous pu consulter. Sans doute l'ancienne prose française comportait, ainsi que la prose grecque, une certaine mesure ; mais cette mesure n'était pas préparée, elle se formait d'elle-même avec une accentuation naturelle de *soupirs* et *demi-soupirs*, que la musique artificielle a su parfaitement imiter. Le rhythme est un élément inséparable de la conversation des honnêtes gens : le vers blanc en est l'odieux pastiche. Quand on a le bonheur de ne pas s'écouter parler, on mesure involontairement la coupe de ses paroles et les pédants seuls vont chercher, en dehors de la langue de tout le monde, je ne sais quelle cadence qui les rend haïssables à la première vue et sans qu'on puisse dire pourquoi. M. Génin a bien aperçu l'écueil ; dans l'espoir de l'éviter, il a fini par découvrir le vers blanc. Mais le remède était pire que le mal, et chacun, après avoir lu son Théroulde, ne manquera pas de s'écrier : « Qu'on me ramène à la langue des pédants; elle « vaut mieux encore que le *vers blanc* de M. Génin. »

ERRATA.

Page 4, ligne 37. *Au lieu de respect, M. Génin trouve*, ajoutez : ici.

Pag. 5. Dans la note, supprimez tous les guillemets, à l'exception du premier et du dernier.

P. 6, lig. 1 et 2. *Des parenthèses, des chiffres*, lisez : *les parenthèses... les chiffres.*

P. 19, lig. 34. *Mort vers* 1100, lisez : *Mort vers* 1200.

P. 21, lig. 19. *La table onomastique*, ajoutez : *et topographique.*

P. 26, lig. 14. *Guillaume le Conquérant, duc de Normandie, de* 1022 *à* 1084, lisez : *Guillaume le Conquérant, duc de Normandie* (1027-1087.)

P. 27, lig. 19. *Les tables de Rymer*, lisez : *Les tables du Doomsday-book.*

P. 39, lig. 4. *Quoi ! n, l, r,* lisez : *Quoi ! n, r,*

P. S. — J'achevais cet innocent *Errata* (je devrais dire « ces innocens » pour éviter le reproche de décliner *Errata* sur *Rosa*, la rose), quand j'ai reçu la réplique de M. Génin, datée du 20 mai 1851. C'est une *Lettre à M. Paulin Paris*, composée de 40 pages in-8°, dans laquelle mes observations sur la chanson de Roland sont réfutées par un procédé très-simple : on n'en dit pas un mot. On se tait sur les justes réclamations de M. Francisque Michel, et sur les raisons que l'on avait eues de présenter comme un travail entièrement neuf, l'exploitation des longues veilles d'un véritable savant ; on ne justifie ni le *Mallum*, ni *Théroulde*, ni les imputations faites à Calixte II, ni les *Chandeliers*, ni le *Monjoyeuse*, ni le vers blanc. M. Génin a, comme on sait et comme il veut bien le dire, si peu de goût pour la polémique, qu'il ne veut pas aborder ces minuties. En revanche, il démontre clairement que je ne sais pas le grec, que je ne sais pas le latin, et que je ne sais pas le français ; le tout avec une grâce si naturelle que je me ferais scrupule de le contredire en tout cela. Mais M. Génin tombe encore ici dans le péché mignon qu'on lui connaît, lorsqu'il se vante de « crier le premier sur les toits et sur les places publiques ce qui ne se disait de moi « qu'à l'oreille. » Ces *mots à l'oreille* (plus amusants que les vers blancs du Théroulde), sont imprimés depuis treize années, et M. Génin, en les réunissant, n'a fait que la troisième édition d'une chanson toute différente de la *Chanson de Roland*, publiée en 1838 sous le titre de *Lettre de M. Benjamin Guérard à son frère*, et réimprimée par moi dans toute sa pureté, avec un *texte critique* dont je devais penser que M. Génin tirerait grand profit, comme il avait fait du texte critique de M. Francisque Michel. Quoi qu'il en soit, j'espère qu'il ne s'en tiendra pas là : il trouvera facilement d'autres fautes dans mes ouvrages, quand il se lassera de les chercher par commissaires ; et comme alors ses découvertes lui appartiendront, je pourrai profiter de ses critiques, fussent-elles exprimées dans la nouvelle forme qu'il vient de donner à des ressentiments depuis longtemps oubliés de part et d'autre. M. Génin, avant de terminer sa *Lettre*, veut bien m'autoriser à rester membre de l'Institut ; je l'en remercie, comme je dois. Cependant il y met une condition assez dure, celle d'y « faire amende honorable à mes confrères, le rudi-« ment au poing. » Il oublie qu'à son âge et au mien on ne fait plus amende honorable pour une étymologie douteuse, mais pour une mauvaise action constatée. D'ailleurs il semble confondre ici la classe académique à laquelle j'appartiens avec une autre classe dans laquelle il aurait autrefois tenu le rang le plus élevé, et ce qui me confirme dans cette conjecture, c'est le zèle ardent qu'il avait montré, dès les premiers jours de sa carrière administrative, pour soumettre tout l'Institut à la retenue. Il me conseille aussi de ne pas retourner au Collége, pour éviter le fouet qu'on ne manquerait pas de m'y donner. Voilà du moins un bon avis, et j'en profiterai pour plusieurs raisons, tout en me félicitant de n'avoir pas été sur les bancs, dans le temps où M. Génin en faisait la police. *Que serait devenu le pauvre Bautru !* disait en pareille circonstance un autre académicien. Ainsi je ne me plains de rien, sinon d'une bonne calomnie, cette fois renouvelée d'un Grec. Écoutez ; c'est à la page 34 : « Il osa écrire dans une dissertation polémique signée en toutes « lettres : *La Restauration eut, en 1815, le bon esprit d'éloigner M. Daunou des* « *Archives.* Il y a des faits qu'il suffit d'énoncer. »

Vraiment oui, M. Génin ! mais à la condition qu'on les énoncera. Je vous abandonne de grand cœur ma pauvre érudition, mon latin, mon français : mais vous ne serez jamais l'arbitre ni la règle de mes sentiments et de mes convictions désintéressées. Voici, comme vous ne l'ignorez pas, ce que j'ai écrit et ce que j'écrirais encore :

« Le successeur du républicain Camus dans la Direction des Archives, fut un autre
« républicain *justement célèbre à titres nombreux et divers*, M. Daunou, qui,
« d'ailleurs, ne comprenait guère mieux que Camus le culte ou seulement l'intérêt
« des souvenirs de notre ancienne et glorieuse monarchie. La restauration eut, en
« 1815, le bon esprit d'éloigner M. Daunou des Archives, *en lui donnant, comme un*

« *dédommagement honorable et justement mérité*, *la direction du* Journal *des*
« Savants *et la chaire d'histoire ancienne au collège de France.* » (Mémoire sur
le cœur de saint Louis et sur la découverte faite dans la Sainte-Chappelle, le 15 mai
1843. Page 70.)

Il y a des faits qu'il suffit d'énoncer, répéterai-je à mon tour. Mais M. Génin qui a
fait un beau livre intitulé *Les Jésuites*, ne mettra-t-il pas ce dernier exemple de
bonne foi dans une nouvelle édition ?

P. PARIS.

24 mai 1851.

www.ingramcontent.com/pod-product-compliance
Lightning Source LLC
Chambersburg PA
CBHW070711050426
42451CB00008B/597